D0858603

155.937 S133L 223

BIBLIOTHEQUE MUNICIPALE
ST-ESPRIT   125

Luron et Zébulon

L'enfant face à la maladie
grave d'un parent.

Catalogage avant publication de Bibliothèque et Archives nationales du Québec et Bibliothèque et Archives Canada

St-Amour, Line

Luron et Zébulon: l'enfant face à la maladie grave d'un parent: outil d'accompagnement psychologique et pédagogique des contes Luron apprivoise les forces de l'espoir et L'amour pour toujours

Comprend des réf. bibliogr.

ISBN 978-2-89225-807-3

1. Enfants et mort. 2. Deuil chez l'enfant. 3. Enfants de parents malades – Psychologie. I. St-Amour, Line. Luron apprivoise les forces de l'espoir. II. St-Amour, Line. Amour pour toujours. III. Titre.

BF723.D3S24 2013   155.9'37   C2013-940298-5

Adresse municipale:
Les éditions Un monde différent
3905, rue Isabelle, bureau 101
Brossard (Québec) Canada
J4Y 2R2
Tél.: 450 656-2660 ou 800 443-2582
Téléc.: 450 659-9328
Site Internet: http://www.umd.ca
Courriel: info@umd.ca

Adresse postale:
Les éditions Un monde différent
C.P. 51546
Greenfield Park (Québec)
J4V 3N8

© Tous droits réservés, Line St-Amour, 2013
©, Les éditions Un monde différent ltée, 2013
Pour l'édition en langue française

Dépôts légaux: 1er trimestre 2013
Bibliothèque nationale du Québec
Bibliothèque nationale du Canada
Bibliothèque nationale de France

Conception graphique de la couverture:
OLIVIER LASSER et AMÉLIE BARRETTE

Photocomposition et mise en pages:
ANDRÉA JOSEPH [pagexpress@videotron.ca]

Typographie: Electra LH 12 pts sur 15,3

ISBN 978-2-89225-807-3

Nous reconnaissons l'aide financière du gouvernement du Canada par l'entremise du Programme d'aide au développement de l'industrie de l'édition pour nos activités d'édition (PADIÉ).

Gouvernement du Québec – Programme de crédit d'impôt pour l'édition de livres – Gestion SODEC.

Gouvernement du Québec – Programme d'aide à l'édition de la SODEC.

IMPRIMÉ AU CANADA

Line St-Amour, Ph. D.

Luron et Zébulon

L'enfant face à la maladie grave d'un parent.

Outil d'accompagnement psychologique et pédagogique des contes
Luron apprivoise les forces de l'espoir
et
L'Amour pour toujours

UN MONDE DIFFÉRENT

À feue D^{re} Margaret C. Kiely,
mon mentor et mon inspiration.

TABLE DES MATIÈRES

AVANT-PROPOS

Ce livre a vu le jour à la suite d'interventions cliniques auprès d'enfants dont un des parents était mourant. Chaque fois, la rencontre avec ces enfants s'est révélée très bouleversante. Il n'est pas facile d'annoncer à un enfant que son père ou sa mère va mourir. En tant qu'adultes responsables, nous savons que ce moment risque de marquer son esprit et de laisser des traces dans son développement, son épanouissement personnel. Les mots choisis, l'attitude et l'ambiance du moment revêtent donc une grande importance.

Il ne s'agit pas simplement d'exposer les faits, mais de prendre part à une expérience déterminante pour l'enfant. Souvent, l'idée de la mort n'a même jamais encore effleuré la pensée de ce dernier et le scénario d'une mort imminente lui est présenté pour la première fois. Par conséquent, il nous appartient de nous questionner sur ce que vit l'enfant et de voir comment il peut intégrer une réalité aussi cruelle. Il faut savoir comment ce bouleversement peut affecter son psychisme afin de pouvoir mieux le guider et favoriser une démarche la plus saine possible.

L'annonce d'un pronostic fatal n'est que le début du long processus du deuil. Toutefois, si nous (parents, membres de la famille proche, professeurs, professionnels, etc.) arrivons à bien accompagner l'enfant tout au long du processus de l'agonie et de la mort de son parent, nous pourrons l'aider à en faire une expérience constructive en dépit de la souffrance qu'il peut générer. Tel est l'objectif de cet ouvrage.

INTRODUCTION

Afin de faciliter la communication avec l'enfant et le rejoindre à différents niveaux dans son processus psychique face à la perte, nous avons privilégié l'utilisation d'un conte. Ce type de littérature permet de mettre en jeu des situations déchirantes sans confronter directement l'enfant à sa propre histoire. Cette distanciation émotionnelle favorise l'échange et offre l'opportunité de saisir certaines réalités externes et internes.

L'art du conte permet ici l'expérience du tragique, de la terrible réalité, tout comme celle d'une transcendance possible. La vie et la mort s'affrontent, des liens d'attachement se transforment, tout change, rien ne meurt vraiment. L'objet du conte est de révéler à l'enfant sa voie intérieure et de l'aider à surmonter le deuil dans le cas de la perte d'un parent, ou de le sensibiliser aux thèmes de la maladie et de la mort dans un contexte éducatif.

Il s'agit de l'histoire de deux petits héros, Luron l'écureuil et Zébulon le raton laveur, qui explorent les profondeurs de leur être et qui ne se laissent pas abattre par leurs angoisses et leurs peines. Bien au contraire, ils rebondissent en faisant appel à leur force créatrice. Ils découvrent ainsi un monde insoupçonné et sont mis en relation avec des ressources internes qu'ils ne connaissaient pas auparavant.

LURON APPRIVOISE
LES FORCES DE L'ESPOIR

◆

Démarche curative

*Histoire d'un petit écureuil dont la mère est confrontée
à la maladie (cancer) et se retrouve
en rémission complète.*

Par un beau matin ensoleillé, Luron l'écureuil, fils de Grisouille et de Carotin, s'amusait à courir dans le sous-bois. Malgré son jeune âge, il était très agile. L'œil vif et l'oreille attentive, il déjouait continuellement son petit cousin qui tentait de le rattraper. Ce jeu lui procurait beaucoup de plaisir. « Allez, Frimousse, rattrape-moi ! »

Depuis sa naissance, Luron connaissait la chaleur d'un foyer aimant. Pour lui, la vie était simple et joyeuse. Sa seule déception était de n'avoir ni frère ni sœur. Heureusement, il y avait son cousin Frimousse, qui était comme un frère pour lui. D'ailleurs, un soir de pleine lune, les deux petits écureuils avaient décidé de lier leur amitié par un geste symbolique. Dans l'éclat de la lumière lunaire, Luron avait offert une grosse noisette à Frimousse qui, à son tour, lui avait remis une belle grosse arachide bien dodue, déterrée dans un champ aux abords de la forêt. Puis, dans un élan d'enthousiasme, les deux cousins s'étaient fait l'accolade à la façon des écureuils.

Un jour, alors qu'il s'amusait avec ses amis les lapins, au pied du grand hêtre dans la cour d'école,

Luron remarqua quelque chose d'inhabituel. Sa mère, Grisouille, quitta précipitamment la maison en compagnie de Grenoble, la mère de Frimousse, sur le dos de l'aigle Express, que les amis de la forêt utilisaient quand ils devaient se déplacer rapidement.

Du haut des airs, la maman de Luron lança à son fils d'une voix triste : « Ne t'inquiète pas, mon chéri, je serai rapidement de retour à la maison. » Puis elle disparut dans les nuages. Luron était ébranlé, il n'arrivait pas à comprendre ce qui se passait. Il était plutôt rare que sa maman quitte la maison sans l'aviser. Il n'avait jamais vu sa mère dans cet état. Les heures passèrent et le petit écureuil n'en pouvait plus d'attendre le retour de sa maman. Il voulait absolument savoir ce qui arrivait à la personne qu'il aimait le plus au monde.

Il appela donc Télo, le pigeon voyageur. « Télo, pourrais-tu retrouver ma maman et me dire pourquoi elle a pris l'aigle Express ? Tu es le meilleur détective que je connaisse. Je t'en prie ! J'ai besoin de savoir ! Je crains qu'elle ait des problèmes et j'ai peur. Je l'aime beaucoup, ma maman ! »

Après avoir longuement survolé la forêt sans rien apercevoir, il se dirigea vers la prairie. Il passa ainsi d'un paysage verdoyant à une longue plaine dorée où l'herbe pliait au gré du vent. C'est au-dessus de ces champs de blé que Télo crut remarquer la présence de deux petites silhouettes. Heureux d'avoir enfin retrouvé la maman de Luron, il amorça aussitôt sa descente, mais, se ravisant, préféra plutôt s'approcher en douce, sans se faire voir. Les deux amies écureuils entraient chez le docteur Renardo!

Étonné, Télo atterrit à l'entrée du terrier où le docteur recevait ses patients et, sans faire de bruit, écouta ce qui se disait à l'intérieur. «Votre maladie est très sérieuse», entendit-il le docteur dire à Grisouille. «Afin de pouvoir vous guérir, nous allons devoir vous soumettre à des traitements médicaux extrêmement difficiles à supporter.» Le docteur Renardo fit une pause puis poursuivit: «Malheureusement, ces médicaments vous donneront l'impression d'être encore plus malade, car ils provoqueront beaucoup d'effets secondaires. Ainsi, vous perdrez temporairement votre belle fourrure, vous aurez des nausées et il est même possible que vous vomissiez. Cela fait partie du processus normal des traitements.

«En tant que médecin, je vous accompagnerai et vous soulagerai tout au long du parcours. Je tiens aussi à vous préciser que vous ressentirez une grande fatigue. Une fatigue si grande que vous ne pourrez plus sauter de branche en branche, et surtout, il deviendra difficile de vous occuper de Luron. En conséquence, il serait souhaitable de demander de l'aide dès maintenant ou même d'envisager de le faire garder chez quelqu'un en qui vous avez confiance, de temps à autre.»

En entendant ces paroles, Télo comprit que la situation était grave. Quelle maladie pouvait donc nécessiter des traitements aussi éprouvants? Que faire maintenant? Le pauvre pigeon se sentait incapable de transmettre ces informations à Luron; cela ferait trop de peine à son ami. Bouleversé, il décida d'aller prendre conseil auprès de Margot, la vieille chouette, reconnue pour son savoir et sa sagesse.

La communauté de la forêt avait depuis toujours pris l'habitude de consulter cette grande sage lorsque les événements de la vie semblaient insurmontables. Les animaux appréciaient ses bons conseils et aimaient bien l'entendre raconter ses histoires d'autrefois. La chouette Margot savait beaucoup de choses sur la vie des habitants de la forêt, car elle y vivait depuis fort longtemps. Elle habitait dans le creux d'un gros pin centenaire, au sommet de la montagne sacrée.

Plus Télo approchait de sa maison, plus il se réjouissait de pouvoir partager son secret avec quelqu'un. Dame Margot, plongée dans la lecture d'un grand bouquin, sursauta quand elle vit le pigeon se percher sur le bord de sa fenêtre : « Bonjour, Margot !

— Salut, mon ami ! lui répondit-elle de sa douce voix. Quelle joie de te revoir ! Je t'en prie, entre, que je t'offre à boire. »

Mis en confiance, Télo lui raconta ce qu'il avait appris au sujet de la maman de Luron. Tout en sirotant son thé des bois, la chouette lui dit : « Ne penses-tu pas que Grisouille, en tant que mère, devrait parler elle-même à Luron et lui dire toute la vérité ? Qui peut offrir les meilleures réponses et le plus grand réconfort à notre petit écureuil, sinon sa propre maman ? C'est dans l'amour et l'entraide qu'on trouve les plus grandes forces pour faire face aux difficultés. Il se peut qu'ils pleurent ensemble, mais il ne faut pas craindre les larmes, ce sont de petits diamants produits par le cœur en peine, une richesse de l'amour. Une fois les larmes versées, la peine diminue et une énergie nouvelle apparaît. »

Télo comprit le message. Il savait maintenant qu'il ne lui appartenait pas d'annoncer lui-même la nouvelle à Luron. Au moment où l'oiseau se préparait à s'envoler, dame Margot rajouta ceci : « Ton ami aura grand besoin de ton soutien et de ton amitié. Sois un petit soleil pour lui ! Au revoir et bon courage, bel oiseau voyageur ! » Et, d'un coup d'aile, il s'envola le cœur un peu plus léger, sachant désormais ce qu'il devait faire.

Pendant ce temps, Luron était toujours aussi inquiet ; il décida donc d'interroger son père, Carotin. Le malheureux papa ne savait pas quoi répondre, car il croyait qu'il était préférable de cacher la vérité à son petit. Il voulait éviter que Luron ait de la peine. Il lui dit donc : « Ça ne me semble pas grave du tout. Comme toi, j'attends le retour de ta maman Grisouille pour éclaircir la situation. Va jouer avec tes amis, tout rentrera bientôt dans l'ordre ! »

Luron voyait bien que son père était troublé et qu'il évitait de prolonger la conversation. Cela rendit le petit écureuil encore plus triste. Dans sa tête, il se disait : *Les parents ne font pas confiance aux enfants. Ils pensent qu'ils ne perçoivent rien, qu'ils sont sourds et aveugles. Pourtant, je vois bien que papa et maman sont tristes et inquiets. J'ai très peur !*

Ne voulant pas insister davantage, par crainte d'embarrasser son papa, Luron partit se réfugier dans une petite grotte au flanc de la montagne. En plus d'avoir du chagrin pour sa mère, sa peine grandissait, car il se sentait seul, abandonné à lui-même. Il se mit à penser à voix haute : *Et si maman était malade à cause de moi ? Nous avons eu une dispute dernièrement et j'ai alors souhaité qu'il lui arrive du mal… Si tout était de ma faute ?* Les larmes coulaient sur ses joues arrondies quand, tout à coup, il crut entendre une voix à peine audible murmurer : « Pauvre Luron !

– Qui est là ? » demanda le petit écureuil, tout surpris.

– Penche ta tête et regarde près de ta patte gauche : c'est moi, Lambino l'escargot. Prends garde de ne pas m'écraser ! »

L'escargot avait entendu ce qu'avait dit le petit écureuil. Bien installé sur une roche humide, Lambino prenait son temps pour formuler ce qu'il avait à dire. « Cher Luron, tu sais à quel point tu peux me faire confiance. Je connais ta famille depuis si longtemps ! Dans ma vie, j'ai déjà été confronté à une situation semblable à la tienne, et j'ai pensé, moi aussi, que j'étais responsable de ce qui arrivait à mes parents. Pourtant, ce n'était pas le cas. Je me suis rendu inutilement malheureux. Ce n'est pas parce que tu es en colère contre quelqu'un, et que tu racontes des méchancetés à son égard, que ces mauvaises choses se réaliseront dans la réalité.

« La pensée et le geste sont deux choses bien distinctes. Il est normal d'être fâché parfois, et d'avoir toutes sortes d'idées pas très gentilles. Cela ne fait de mal à personne, sauf à toi-même, car on ne se sent pas bien quand on est en colère. L'important est de parvenir à contrôler ce que tu penses. Il suffit de se calmer, de bien respirer et de prendre le temps de réfléchir avant d'agir.

« Tiens, essaie avec moi ! On respire bien… 1… 2… 3… Ouffff ! On relaxe ! Tu n'es pas responsable de ce qui arrive à ta maman. Malgré certains moments de colère, c'est l'amour que tu ressens pour elle qui compte le plus. »

Le petit écureuil eut un grand sourire. « Je ferai tout ce que je peux pour que maman aille mieux ! » dit-il. Le cœur plus léger, Luron salua l'escargot et reprit le sentier de la maison. Chemin faisant, il aperçut un petit point blanc dans le ciel qui semblait se rapprocher de lui. Il reconnut bientôt Télo. Luron était impatient de savoir ce que l'oiseau détective avait découvert.

« Salut, mon ami, me rrrrrrrevoilà ! » dit l'oiseau d'une voix roucoulante. « Grâce à mes talents de détective, j'ai trouvé l'information que tu cherchais. Toutefois, je ne peux te la révéler, car je ne saurais avoir les mots justes. Cher petit, crois-moi, seule ta mère peut vraiment t'expliquer ce qui lui arrive, ce qu'elle vit. Je ne peux que te diriger vers ta maman et t'encourager à lui poser les questions qui t'inquiètent. Va, petit écureuil ! Et n'oublie pas que si tu as besoin de moi à nouveau, tu n'as qu'à siffler et je viendrai aussitôt. » Sur ce, le pigeon déploya ses ailes et s'envola dans le ciel.

Tard en après-midi, juste avant que le soleil se couche dans un ciel lumineux aux teintes orangées, maman écureuil revint à la maison. Le silence régna tout le long du souper. Au moment où Grisouille préparait le bain de Luron, ce dernier risqua une première question : « Maman, qu'est-ce qui t'arrive ? »

Devant le silence de sa mère, il poursuivit : « Pourquoi es-tu partie sur l'aigle Express ? » La gorge serrée et les yeux pleins d'eau, il insista : « Maman, réponds-moi ! »

Grisouille mit sa patte dans l'eau pour en vérifier la température et ferma le robinet. Puis elle redressa la tête et regarda tendrement son fils dans les yeux. Ne pouvant résister au regard implorant de son Luron, elle le serra contre elle et l'étreignit avec sa queue.

« Je suis désolée que tu aies de la peine à cause de moi. J'aurais voulu t'épargner ce chagrin », dit-elle la voix tremblante. Puis elle reprit : « Je ne sais comment te dire ces choses… Mon corps est malade, il ne réagit plus normalement. Certaines cellules se reproduisent trop vite et envahissent ma mamelle. Elles forment une bosse qu'on appelle tumeur ou cancer. »

Puis elle mit sa patte sur sa tumeur. « Tu vois, c'est la petite bosse que j'ai ici. » Luron regardait sans trop comprendre. Son visage se plissa et il fit une grimace. Sa mère continua en affichant un tendre sourire : « Rassure-toi, il y a des traitements médicaux pour tenter de me guérir. Le médecin enlèvera cette bosse et détruira les mauvaises cellules qui pourraient en fabriquer d'autres. Le traitement nécessitera beaucoup de patience et beaucoup de temps. Il faudra au moins trois saisons pour me soigner. »

Luron écoutait attentivement. De toute façon, il n'avait plus envie de parler. Il souhaitait seulement que les choses redeviennent vite comme avant. Grisouille poursuivit : « Nous sommes actuellement en automne ; le médecin croit que je serai rétablie avant l'arrivée de l'été. » Elle cessa de parler un moment puis essuya une larme qui glissait sur sa joue ronde. « Mais ne crains rien. Avec les bons soins des médecins, l'amour de notre famille, ainsi que le soutien des amis de la forêt, je trouverai les forces nécessaires pour vaincre cette vilaine maladie. »

Puis elle regarda le petit écureuil droit dans les yeux : « Quant à toi, je compte sur ta joie de vivre, ta bonne humeur et ton entrain pour m'encourager. Tu dois continuer à t'amuser tout en faisant certains petits gestes qui pourraient m'aider à aller mieux. Par exemple, tu pourrais éviter de faire trop de bruit quand je serai au repos, ramasser tes jouets, ne pas tarder à entrer à la maison après l'école, pour ne pas m'inquiéter. Et surtout, dit-elle avec insistance, sache que chaque instant, peu importe mon état, je t'aime et t'aimerai toujours. »

Quelle nouvelle ! Les yeux mouillés, reniflant avec peine, Luron garda le silence. Dans son cœur, il se sentait à la fois triste et rempli d'amour pour sa maman.

« Je t'aime aussi, maman ! » Puis ils passèrent un long moment, blottis l'un contre l'autre.

Maintenant tout était clair. Chacun connaissait son rôle dans la famille. Il fallait aller de l'avant et commencer les soins médicaux le plus tôt possible. Le premier traitement de chimiothérapie fut donné. Grisouille était très courageuse, elle avait confiance en la médecine. Pendant toute la durée des traitements, malgré ses malaises, il lui arrivait de rire, de chanter, et même de diriger la cueillette des noisettes, en prévision de l'hiver.

Quand vint le moment où Grisouille perdit ses poils, Luron et son père lui réservèrent une surprise. La maman écureuil avait toujours rêvé d'avoir une fourrure rousse, semblable aux petits tamias. Ils lui avaient donc fait fabriquer un joli manteau aux belles couleurs flamboyantes, composé de vrais poils, que les petits rongeurs de la forêt avaient volontairement offerts. Chaque tamia portait maintenant la trace de son don sur un bout de queue dénudée qu'il brandissait avec fierté. « Quel magnifique manteau ! » s'écria la maman de Luron, émue par ce geste de solidarité. Elle le porta avec coquetterie au cours de l'hiver.

L'automne, l'hiver et le printemps passèrent comme il se doit. Alors que les saisons s'écoulaient, Luron continuait de grandir et de s'épanouir. Il avait appris à vivre en tenant compte des troubles de santé de sa mère. Il savait dans son cœur qu'il était devenu un peu différent des autres enfants, qu'il avait vieilli un peu plus vite. Luron avait développé la capacité d'être responsable, c'est-à-dire d'aider sa mère. Mais tout cela ne le rendait pas malheureux, le petit écureuil était fier de faire équipe avec sa famille contre cette terrible maladie.

À l'arrivée des premières fleurs, les traitements de Grisouille se terminèrent. Petit à petit, elle reprit des forces et recommença à devenir active, comme avant la maladie. Elle se remit à sauter de branche en branche, à cueillir et à ouvrir des glands pour en extraire le noyau, si bon à déguster. Son rétablissement se fit progressivement et la joie revint dans la famille et parmi les amis de la forêt.

Afin de souligner le retour à la santé de la maman écureuil, une grande fête fut organisée. On construisit une énorme pyramide de noisettes, aussi imposante qu'un ours. Frimousse, le cousin de Luron, toujours présent comme un frère, grimpa au sommet de la pyramide où on avait déposé une belle grosse noix de Grenoble. De là-haut, il cria à Luron : « Viens me rejoindre, mon frère, le festin nous attend ! » Grisouille profita de l'occasion pour remercier tous les animaux qui l'avaient soutenue durant son épreuve. « Je suis fière d'être membre de cette communauté », dit-elle très fort, les yeux pétillants.

Tout le monde applaudit, parce qu'eux aussi étaient fiers d'avoir soutenu et encouragé Grisouille en l'accompagnant à l'hôpital, en lui offrant des repas préparés ou en gardant Luron de temps à autre. Tous ces petits gestes avaient rendu la vie de Grisouille plus facile pendant sa maladie.

Dès lors, la famille reprit une vie normale. Mais tout n'était pas redevenu tout à fait comme avant. À la suite de cette expérience, Luron avait appris des choses sur lui-même. Désormais, il savait qu'il portait en lui une grande force et beaucoup de courage.

L'AMOUR POUR TOUJOURS

◆

Démarche palliative

*Histoire d'un petit raton laveur (ami de l'écureuil)
dont la mère, en rechute d'un cancer,
fait face à la mort.*

Voilà maintenant plus d'un an que Grisouille, la maman de Luron le petit écureuil, avait recouvré la santé. Quel soulagement! Surtout pour Luron qui avait pu reprendre une vie normale. Comme l'automne s'installait, les enfants reprirent ainsi le chemin de l'école. Le cœur joyeux, Luron sautillait et gambadait avec ses amis qu'il retrouvait pour une nouvelle année scolaire. Jeannot le lièvre, Bruno l'ourson, Riki la marmotte, Dandy le faon, Pic-Pic le porc-épic, Léo le louveteau, Zarzette la belette; tous se revirent avec plaisir dans la vallée sous le grand hêtre. Ils attendaient tous avec impatience l'arrivée de leur professeur.

Tout à coup, un bruit d'ailes se fit entendre dans le ciel. Les élèves levèrent la tête et virent maître Tourni, une oie blanche de forte stature, atterrir devant eux. «Aie! Aie! Aie!» s'écria l'oiseau, en roulant queue pardessus tête. «Me voilà, chers petits! Je suis votre nouveau professeur!» dit-il, les lunettes en équilibre précaire sur le bout du bec. Personne n'osait parler et on n'entendait plus que le bruissement des feuilles rouge et jaune qui tombaient doucement des arbres.

Puis il reprit la parole : « J'arrive à l'instant même d'un tour du monde. J'ai rencontré des éléphants, des tigres, des pandas, des kangourous, des ours polaires, et maintes autres espèces dont j'aurai l'occasion de vous parler ! » Luron était fasciné. Il caressait secrètement le rêve de pouvoir voyager, de connaître d'autres lieux, d'aller au bout du monde. *Ce sera une année formidable*, se dit-il.

Chaque matin, les animaux se dirigeaient vers le soleil levant, là où se trouvait leur école. L'hiver avait déjà tout recouvert d'un tapis moelleux garni de mille diamants scintillants. Maître Tourni n'avait pas l'habitude de rester dans la forêt pendant la saison froide. Les autres oies étaient depuis longtemps parties pour le Sud. Le bel oiseau avait cependant plus d'un tour dans son sac, il avait installé de petits capteurs de chaleur solaire entre ses plumes, ce qui devait lui permettre de donner ses cours pendant toute l'année scolaire !

Luron n'avait jamais autant admiré un professeur, ni autant aimé l'école. Maître Tourni apprenait à bien connaître ses élèves et à apprécier les talents de chacun. Il voulait que tous s'épanouissent et participent à la vie de la communauté. Il détectait rapidement les chicanes, ou tout ce qui n'allait pas parmi ses protégés, et tentait de les aider. C'est ainsi qu'il s'aperçut que Zébulon, le jeune raton laveur, semblait avoir changé de caractère.

Zébulon, réputé pour être le bouffon de la classe, ne rigolait plus. Bien au contraire, il se chamaillait, provoquait des disputes et insultait ses copains. Il avait même mordu son meilleur ami Luron, parce que ce dernier le taquinait après avoir gagné un concours d'épellation. « Mais que se passe-t-il ? Je ne te reconnais plus. Tu étais mon ami. Pourquoi me faire du mal ? lui demanda Luron.

— Fiche-moi la paix ! » lui répondit effrontément le raton laveur. « Je ne veux plus rien savoir de toi. Tu n'es plus mon ami. Je te déteste. »

Luron ne comprenait plus rien. Il était à la fois fâché et triste. Comment son ami pouvait-il agir ainsi ? Quelle mouche l'avait piqué pour qu'il soit devenu aussi cruel et détestable ? Luron se retira, laissant seul l'impitoyable raton laveur. Zébulon criait : « Allez-vous-en tous ! Je n'ai besoin de personne ! Vous êtes tous des idiots. » Témoin de la scène, maître Tourni lui demanda de rester après la classe afin d'éclaircir cette situation.

À la fin de la journée, Zébulon continuait toujours de grogner son mécontentement en attendant son professeur. Comme ce dernier tardait à venir, le petit raton commença à faire des graffitis sur le pied du grand hêtre. « Que fais-tu là ? » demanda le maître tout étonné. « Je... », dit Zébulon, incapable de poursuivre sa phrase, tant il était étonné d'avoir été pris sur le fait.

Calme et chaleureux, Tourni invita l'élève à venir s'asseoir près de lui. Puis il commença à lui parler : « Tu sais, cher Zébulon, que je t'aime bien. Tu es vif d'esprit et tu sais nous faire rire. C'est une grande qualité que de pouvoir répandre la joie autour de soi. Mais depuis quelques jours, je remarque que ton cœur est plein de colère. Tu fais de la peine à tes amis et tu les rejettes, alors eux aussi te repoussent. Je suis attristé de te voir ainsi. Peux-tu m'expliquer ce qui t'arrive? J'aimerais t'aider. »

Zébulon regarda le professeur avec ses grands yeux noirs. Son regard semblait troublé par quelque chose. Il demeura muet. Alors Tourni comprit que Zébulon vivait quelque chose de très difficile. Il retira ses lunettes, s'approcha tout près de son petit élève, le couvrit de son aile et, patiemment, attendit qu'il se confie.

Après quelques minutes, des larmes se mirent à couler des yeux de Zébulon, tant et si bien qu'on aurait dit qu'il n'arrêterait jamais de pleurer. Puis, petit à petit, il prononça ces quelques mots : « Ma mère est à nouveau malade. Le cancer est revenu et ne va plus partir. Je pense qu'elle va mourir. »

Le professeur regarda Zébulon avec tristesse. Le maître et son élève restèrent un long moment sans parler. Voyant qu'il se faisait tard, Tourni suggéra au petit raton laveur de rentrer à la maison avant qu'il ne fasse trop sombre. « Merci d'avoir partagé ton secret avec moi. Tu peux compter sur moi. Viens me voir aussi souvent que tu le désires », lui dit Tourni. Zébulon essuya ses yeux, moucha son nez, prit une grande respiration, afficha un sourire un peu forcé et partit vers sa maison.

Ce moment partagé avec son professeur lui avait fait beaucoup de bien. Il se sentait libéré d'un grand poids. Enfin, il n'était plus seul avec son secret et sa peine. Dans les jours qui suivirent, le jeune raton laveur changea d'attitude. Il avait commencé à dire à ses amis ce qui se passait dans sa famille. Luron était particulièrement sensible à l'expérience que vivait Zébulon. Lui-même avait ressenti quelque chose de semblable lorsque sa mère avait dû, elle aussi, faire face à un cancer.

Au fur et à mesure que le petit raton laveur racontait ce qu'il vivait, Luron se rappelait certains souvenirs. Il se souvenait, entre autres, des méchancetés d'Igor, le vison malicieux qui lui avait crié dans la cour d'école : « Ta mère est un ver de terre, un asticot, une pas de poil ! » C'était au moment où Grisouille, la mère de Luron, subissait des traitements qui lui avaient fait perdre tout son pelage. Le vilain vison riait à gorge déployée et répétait ses âneries jusqu'à faire pleurer le petit écureuil.

C'est alors que Bruno l'ourson était intervenu en posant son énorme patte sur le corps du petit vison pour l'immobiliser. « Ça suffit, Igor. Un peu de respect pour la mère de mon ami. Maintenant, excuse-toi sinon tu vas faire un vol plané jusqu'à l'étang ! » Le vison n'avait eu d'autre choix que de présenter ses excuses. Luron n'avait jamais oublié cet incident. Dans son cœur, il s'engagea à protéger Zébulon contre les moqueries des autres.

Finalement, toute la classe avait été informée du problème de santé de Blondine, la mère de Zébulon. Un jour que le raton laveur ne s'était pas présenté à l'école, Zarzette la belette eut une idée : « Si on confectionnait tous ensemble une carte d'encouragement pour Blondine ? Ce serait notre façon de dire à Zébulon que l'on partage un peu sa peine.

– Quelle bonne idée ! répondit le professeur.

– Tout le monde au travail ! » s'écria Luron.

En peu de temps, la classe devint un véritable atelier. Cartons de couleur, ciseaux, colle, rubans, cordes, plumes, tous les matériaux étaient permis. Fleurs, avions, cœurs, nuages, soleils, maisons et anges prenaient vie sur la carte géante. Une véritable œuvre d'art venait d'être créée ! « Magnifique ! » s'exclama le professeur.

Très enthousiastes à l'idée de remettre ce présent, les élèves décidèrent de confier la livraison de la carte aux deux cousins, Frimousse et Luron. Maintenant, il fallait choisir une façon originale de la présenter à la mère de Zébulon. Ils construisirent donc un traîneau en forme de bateau avec la carte comme voile.

Le soir même, sachant que la famille de Zébulon était à la maison, les deux élèves partirent contents, mais un peu nerveux quand même, en tirant derrière eux le traîneau. Luron frappa à la porte et demanda à Blondine et à sa famille de regarder par la fenêtre. Ils furent tous à la fois impressionnés, émerveillés et excités à la vue de ce magnifique voilier des neiges.

Malgré l'état de santé de Blondine (qui avait peine à demeurer debout), ce moment magique mit beaucoup de joie dans leurs cœurs. *Mission accomplie !* se dirent les deux complices, qui quittèrent les lieux après avoir fait une chaleureuse accolade à leur ami Zébu.

Le lendemain, Zébulon n'était toujours pas revenu à l'école. Tout comme ses frères et sœurs, il voulait rester avec sa mère pour attendre la visite du docteur Renardo, car sa mère ne se sentait pas bien du tout. Le docteur était arrivé très tôt le matin. Il avait ausculté Blondine, vérifié son pouls, sa respiration, sa tension, examiné ses yeux et posé quelques questions. Ensuite, il s'était assis sur le bord de son lit : « Chère Blondine ! dit-il. Je ne sais comment vous dire cela. Les médicaments disponibles pour traiter votre cancer ne fonctionnent plus. La maladie progresse très vite et je ne peux plus la contrôler. » Il reprit son souffle et ajouta : « Malheureusement, il vous reste peu de temps à vivre. »

C'est à ce moment que Clopin, le mari de Blondine et père de Zébulon, éclata en sanglots. Les enfants, qui attendaient dans la pièce à côté, entendirent ses pleurs et entrèrent précipitamment dans la chambre. Le moment était difficile. Ils se placèrent à côté de leur père et restèrent pour entendre la suite des choses.

Le docteur Renardo reprit son discours. « Dans les circonstances, je crois que le moment est venu de penser à vous rendre à la GROTTE DES ADIEUX. Ce lieu, réservé aux personnes en fin de vie, est situé tout au haut de la colline, il offre une vue splendide sur les alentours. La chouette Margot, la sage de la forêt, s'y rend tous les jours pour échanger avec ceux qui le désirent ; elle leur offre une potion apaisante, que les plus grands savants ont concoctée, pour soulager la douleur des malades.

« Si votre famille le désire, elle pourra vous y accompagner ; une place est prévue pour elle. Plusieurs bénévoles de la communauté de la forêt y sont aussi présents, afin de vous proposer des petites douceurs. Si toutefois cela n'était pas votre choix, des soins pourraient aussi vous être donnés à la maison. Je suis vraiment désolé, ajouta-t-il. Pensez-y. Quand vous aurez pris votre décision, dites à Télo le pigeon de m'en informer. »

Et il quitta les lieux lentement, la tête baissée. Très ébranlée par cette nouvelle, toute la famille se mit à pleurer et à sangloter. « Maman, je ne veux pas que tu meures », hurlait Zébulon, le plus jeune des enfants. Il était inconsolable.

Quand le calme fut revenu, et que chacun, bien que triste, fut à nouveau capable de réfléchir, Blondine leur fit part de son désir d'aller terminer sa vie à la GROTTE DES ADIEUX. Ce ne fut pas facile de quitter la maison familiale. Le jour où elle partit, elle fit le tour de toutes les pièces et évoqua de nombreux souvenirs. Puis elle ouvrit un coffre d'où elle sortit des objets enveloppés dans des feuilles d'érable. Elle en prit un sur lequel le nom de Zébulon était écrit et le lui remit en lui disant : « Voici un petit présent qui te fera penser à moi et te réconfortera en mon absence. Il n'est pas indispensable, mais pourra t'aider à me parler dans ton cœur quand tu auras besoin de moi. »

Le petit raton laveur rougit et, avec ses petites pattes habiles, développa le cadeau. À la vue de ce trésor, ses yeux s'écarquillèrent et son visage s'illumina. « Hoooo ! » s'exclama-t-il, des larmes de joie et de peine entremêlées dans les yeux. Il tenait dans ses pattes menues une statue de lui-même que sa mère Blondine avait sculptée dans

le bois. Chacun des autres enfants reçut aussi sa sculpture.

Après la remise de ces cadeaux précieux, Blondine
dit qu'elle était maintenant prête à partir. Toute la
famille l'accompagna vers la Grotte. C'était la première
fois que Zébulon mettait les pieds à cet endroit.

À son arrivée, il se sentit mal. Il ressentit quelque
chose qu'il n'avait jamais encore éprouvé. Tout son petit
corps tremblait. C'est le moment que choisit Tessy, la
marmotte, pour venir accueillir chaleureusement le
pauvre petit Zébulon. Elle lui fit visiter les lieux. Il fut
surpris de découvrir que la vie s'y déroulait assez normalement. Il trouva même l'endroit plutôt agréable. Sa
mère occupait une chambre lumineuse qui offrait une
vue magnifique sur la forêt.

« Hé! maman! Regarde! On peut apercevoir notre
maison! » dit-il. Bien que soulagé d'avoir franchi cette
étape, Zébulon continuait néanmoins à se poser plein
de questions. Il avait peur de ce qui allait arriver. Il ne
connaissait rien de la mort. Il n'avait jamais vu mourir
personne.

Cette nuit-là, Zébulon fit un drôle de rêve. Il voyait
sa mère s'élever vers les étoiles. Plus elle montait dans le
ciel et plus son pelage brillait, jusqu'à se confondre avec
les étoiles. « Tout cela me paraît étrange », marmonna-
t-il. Au matin, à son réveil, il vit Margot, la sage chouette
de la forêt, qui lui apportait son petit déjeuner. *Quel
hasard! se dit-il. Je vais pouvoir lui parler de mon rêve.
Elle saura me dire ce qu'il signifie.*

Margot répondit favorablement à sa demande et convia Zébulon à la suivre à l'extérieur. Elle l'emmena sur le toit de la GROTTE DES ADIEUX, un endroit merveilleux où les rayons du soleil matinal vous caressent le corps. La neige prenait des teintes rosées. Aucun mouvement n'était perceptible, le temps semblait arrêté. Les deux amis s'installèrent confortablement. Regardant droit devant lui, Zébulon dit: «J'ai peur, j'ai très peur!

– C'est normal», lui répondit Margot, et elle poursuivit: «Mais tu n'es pas seul. Tous ceux qui t'entourent éprouvent la même peur. Il faut juste l'apprivoiser, apprendre à vivre avec elle, accepter que ce qui nous est inconnu nous fasse peur.»

Zébulon lui raconta alors son rêve bizarre. «C'est magnifique!» s'exclama la chouette. «Ce rêve est un cadeau. Il te montre que la vie est toujours en changement. Dès la naissance, ton corps commence à grandir, à se transformer en adolescent, puis en adulte. C'est le mouvement de la vie. Puis, un jour, survient le grand changement que l'on appelle la mort.

– Y a-t-il une vie après la mort? demanda le petit raton.

– Beaucoup de personnes y croient et d'autres pas du tout. Chaque religion se représente la vie après la mort d'une façon différente, et croit à une continuité. C'est avant tout une question de foi, cher Zébu. C'est comme croire à l'amour: on ne le voit pas, mais il existe.

– Et toi, qu'en penses-tu, Margot?

— Eh bien ! J'aime beaucoup ton rêve. J'aime croire que nous retournons vers les étoiles après notre mort. Mais peu importe ! Une chose dont je suis certaine, c'est que l'amour de ta maman restera toujours dans ton cœur. À tout moment de ta vie, tu pourras t'adresser à elle, et si tu es patient, une réponse naîtra dans ton cœur. Voilà ce à quoi je crois fermement. »

Zébulon se sentait mieux et dit avec un sourire : «Maman sera toujours avec moi». Il était maintenant temps de retourner auprès de sa mère.

La respiration de Blondine avait changé ; elle était plus saccadée. Elle avait de la difficulté à ouvrir les yeux et ne bougeait plus. Elle râlait un peu, c'est-à-dire que sa gorge faisait un bruit de ronronnement inhabituel. Le docteur Renardo vint à son chevet. Il regarda tendrement Blondine, mit sa main doucement sur son front, tourna son regard vers la famille et dit : « La fin approche, peut-être quelques heures encore, ou moins. »

Silencieusement, tous s'étaient assemblés autour du lit et avaient posé une main sur Blondine. Clopin, son mari, commença à fredonner une mélodie qu'elle aimait particulièrement et toute la famille se joignit à lui. Chacun était calme. C'est à cet instant même que Blondine rendit l'âme. Ce fut un moment spécial. Bien que Blondine soit morte, chacun continuait à ressentir sa présence. Ils restèrent un bon moment à ses côtés. Puis Zébulon lui fit ses adieux : « Au revoir, maman ! Tu peux aller rejoindre les étoiles maintenant. »

Quelques jours plus tard, lorsque Luron apprit le décès de la maman de Zébu, il fut triste pour lui. Puis il eut peur de perdre sa propre mère. *Et si la maladie revenait?* pensait-il. Il n'arrivait plus à chasser cette idée obsédante. Il ne pouvait plus dormir parce qu'il était trop effrayé.

Encore une fois, une visite chez Margot s'imposait. Au matin, il gravit la montagne sacrée et se rendit au gros pin. Margot n'était pas surprise de voir son jeune ami. «Bonjour, bel enfant! Quel bon vent t'amène?» lui dit-elle, tout en continuant de préparer son thé des bois. Luron tenta maladroitement de s'asseoir sur un immense champignon gris, et «bang», il glissa et se retrouva par terre! Margot éclata d'un grand rire! Un peu gêné, Luron se mit lui aussi à rire. Qu'il était bon de s'amuser un brin!

«Madame la chouette, lui dit-il, vous savez que la mère de Zébulon est morte?

— Oui, je sais, répondit-elle.

— Vous savez que ma mère a eu un cancer? demanda-t-il.

— Oui, je le sais, petit.

— Pensez-vous que ma mère va mourir elle aussi?» osa-t-il finalement demander.

Margot comprenait ce qui se passait dans la tête de Luron. Elle lui dit: «As-tu déjà remarqué quand et comment croissent les fleurs? Certaines poussent au printemps et ne vivent que quelques jours. Elles semblent là pour nous donner espoir. Nous dire que la nature s'éveille et pour nous réjouir le cœur, malgré leur courte vie. D'autres, plus résistantes, demeurent avec nous jusqu'à l'automne. Ces fleurs offrent de la nourriture aux abeilles et à d'autres insectes. Ainsi, la durée de vie de chaque fleur est variable, mais chacune a sa beauté et son importance, tout comme nous. »

Elle s'interrompit un instant pour servir un verre de thé des bois à son petit visiteur. Luron aimait bien la saveur de cette boisson chaude. Margot poursuivit : « Je ne peux pas me prononcer sur la durée de vie de chacun. C'est un mystère. Toutefois, je peux partager avec toi mon histoire. Tu sais, tout comme ta mère, j'ai moi-même eu un cancer à la poitrine. Il y a maintenant plus de vingt ans. Et comme tu peux le constater, je suis encore bien vigoureuse. Il est possible qu'il en soit ainsi pour Grisouille. »

Le petit écureuil était bouche bée. Jamais il n'aurait soupçonné une telle histoire. Elle continua : « L'important est de vivre pleinement chaque jour qui nous est donné. » Luron se sentait soulagé. « Merci, dame Margot ! » s'exclama-t-il d'un ton joyeux. Puis, impatient de rejoindre son ami Zébulon, il prit congé de son amie la chouette. « Va et sois heureux, petit écureuil ! » lui lança affectueusement Margot pendant qu'il s'éloignait. Notre ami avait compris que personne ne connaît le jour où il va mourir, et que chaque jour de vie est un cadeau précieux.

Quelques semaines plus tard, Luron et Zébulon firent une balade au clair de lune. Le ciel était parsemé d'étoiles toutes plus scintillantes les unes que les autres. Les deux amis s'allongèrent sur le sol, appréciant l'odeur de la terre. Le regard vers les étoiles, ils s'unirent à Blondine, le temps d'un merveilleux petit miracle. « Je t'aime, maman », murmura Zébulon. Et, comme un écho, la voix de sa mère murmura à son tour à son oreille : « Je t'aime aussi, mon cher petit. »

CAHIER D'ANALYSE
PSYCHOLOGIQUE

◆

À la façon d'Antoine de Saint-Exupéry, j'interpelle
l'enfant que vous avez pu être dans le passé.

« Toutes les grandes personnes ont d'abord
été des enfants. »

Notre perception de la mort résulte d'un cheminement qui nous est propre. Pour faciliter notre exploration du monde de l'enfance, je vous invite à reconstituer votre propre parcours. À titre d'exemple, je vous présente un survol du mien.

Ma perception s'est construite dans un contexte où la maladie de certains de mes proches constituait un enjeu quotidien. Je me rappelle qu'à huit ans, mon rôle consistait principalement à faire ce que les grandes personnes m'indiquaient de faire. J'allais à l'école et, de retour à la maison, je faisais mes devoirs, je jouais un peu dehors, je partageais du temps avec ma famille (dans le but d'apporter un peu de joie à ceux qui étaient malades), puis je me couchais avec la satisfaction d'une journée bien remplie. J'étais gentille ; je voulais faciliter la tâche à mes parents. La recette semblait bien fonctionner ; les grandes personnes estimaient que j'avais une vie heureuse, sans souci. Je n'étais pas vraiment malheureuse, mais j'avais mes moments d'angoisse. À cet âge, je devenais plus consciente de la réalité des choses. Je savais que la vie avait une finalité.

J'entendais souvent les grandes personnes parler de ceux qui étaient malades. Parfois, il m'arrivait de me représenter le scénario de leur mort. Mon imaginaire inventait des films d'horreur. Dans ma tête se déroulaient des morts atroces. Je ne savais pas à quoi m'en tenir. Je croyais que l'on mourait comme dans les films à la télévision ou dans les drames rapportés par les journaux populaires.

Malgré ma méconnaissance du processus de mourir, j'avais quand même quelques indices. J'étais déjà allée à la pêche et j'avais vu mourir un poisson. J'avais aussi déjà assisté à la mort d'une grenouille, décapitée par un de mes amis. Pas très jojo! Je savais que lorsqu'on mourait, tout s'arrêtait, ou plutôt que tout se figeait, et que plus rien ne pouvait se passer de l'un à l'autre. Impossible de réanimer ce qui était mort.

Comme on peut le constater, ma perception de la mort s'est construite à partir de mes expériences concrètes, de la façon dont je les ai ressenties, ainsi que de la manière avec laquelle je me les suis représentées.

Le texte suivant nous permettra d'expliquer davantage le processus de pensée d'un enfant âgé entre 6 et 10 ans, confronté à la maladie grave d'un parent.

PROCESSUS DE PENSÉE CHEZ L'ENFANT

Entre 6 et 8 ans (repères approximatifs)

L'enfant fait son entrée à l'école. Sa vie sociale se développe. Il se retrouve dans un contexte d'échange avec ses camarades de classe. Sa pensée est concrète. Il est encore difficile pour lui d'avoir accès à des concepts abstraits. Il s'intéresse à la mort et aux notions qui lui sont associées (bien différentes, devons-nous le spécifier, des nôtres, les adultes). Ses images de la mort sont influencées par la télévision, le cinéma, les jeux vidéo, ses expériences personnelles… Il comprend de plus en plus que la mort est définitive, irréversible tout en la croyant encore évitable. Pour lui, elle n'est ni universelle ni obligatoire.

Entre 8 et 10 ans

À cet âge, l'expérience du monde commence à s'accumuler en nous. Selon Piaget[1], c'est une période où s'amorce une conscience des événements qui se passent en dehors de notre propre vie. Nous devenons moins centrés sur nous-mêmes. La pensée se développe et permet de mieux conceptualiser les choses, d'accéder à un raisonnement plus logique, même si le processus demeure encore précaire. Notre capacité d'abstraction s'accroît petit à petit, permettant une représentation intellectuelle, c'est-à-dire une capacité de jongler avec les connaissances.

À ce stade de la vie, nous sommes en mesure de réfléchir, de faire des liens et d'anticiper un peu sur ce qui peut arriver. L'enfant de 8 ans a besoin que les adultes s'adressent à lui de façon authentique, en lui disant la

---

1. Jean Piaget et Bärbel Inhelder, *La Psychologie de l'enfant*, Quadrige, PUF, 2004 (1ʳᵉ édition : 1966, coll. Que sais-je?, PUF).

vérité sur la situation (J. Hamilton[2]). Cela lui permet
d'avoir un peu plus de prise sur la réalité extérieure, de
comprendre ce qui se passe autour de lui. Dans le conte,
Luron veut savoir ce qui arrive à sa mère. Sans information, il angoisse, son esprit envisage les pires scénarios.
Il se remet en question et pense être responsable de la
catastrophe qu'il élabore dans sa tête. Laisser l'enfant
seul dans l'incertitude et le doute contribue alors à augmenter sa vulnérabilité ainsi que son sentiment d'aban-
don. L'information qu'il reçoit lui permet de se position-
ner, de faire des actions concrètes et, ainsi, de se sentir
moins anxieux.

La première étape à franchir, lorsqu'un parent est
gravement malade, est donc d'annoncer adéquatement
la nouvelle à l'enfant.

ANNONCER LA MAUVAISE NOUVELLE

Quand et comment annoncer la mauvaise nouvelle à l'enfant? Le plus tôt possible, semble être la
meilleure stratégie (Moley-Massol[3]). Il faut permettre à
l'enfant de cheminer avec les grands, de faire partie du
clan. De toute façon, l'enfant est conscient et touché par
l'événement. Il ressent le climat, perçoit les inquiétudes,
surprend des conversations. Il se construit une représentation de la situation et y réagit avec tout son être,

---

2. Joan Hamilton, *Quand un parent est malade? Comment expliquer
une maladie grave aux enfants*, 1999.
3. Isabelle Moley-Massol, *L'annonce de la maladie. Une parole qui
s'engage*, coll. Le pratique, DaTeBe, Paris, 2004.

même si les choses ne lui sont pas dites. Lui expliquer les événements au fur et à mesure qu'ils surviennent, dans un langage approprié à son âge, favorise une bonne adaptation. Certes, la peine risque d'être au rendez-vous, mais parfois les larmes sont nécessaires. Il ne faut ni tenter de les éviter ni les provoquer. Il suffit de laisser les émotions surgir naturellement. Elles ont un rôle à jouer dans le processus d'adaptation.

Selon notre expérience, lorsqu'on annonce une nouvelle difficile à un enfant, il importe de considérer certaines étapes :

1. Trouver un lieu tranquille qui favorise l'intimité, stimule l'échange et facilite les révélations.

2. Adopter une attitude empathique, chaleureuse, mais sans familiarité (si nous ne sommes pas un proche de la famille).

3. Permettre à l'enfant d'exprimer ce qu'il connaît de la situation, le laisser parler de ses impressions, de ses craintes, s'il y a lieu.

4. Par la suite, aider l'enfant à mettre en relief certaines observations, des indices de la maladie et de sa gravité. Par exemple : «As-tu remarqué dernièrement que ta mère avait maigri, qu'elle éprouvait de la difficulté à se déplacer, à respirer ? »

5. Faire un constat de la situation avec lui. Exemple : «Ça fait longtemps que ta mère est

malade, n'est-ce pas? Tu sais qu'elle a subi plusieurs traitements? »

6. Annoncer la mauvaise nouvelle. « Ce que j'ai à te dire n'est pas facile. Malheureusement, les médecins nous ont informés (le parent et les intervenants) que les traitements ne fonctionnaient plus, que la maladie (le cancer) continuait de progresser. Cela signifie que sa vie est maintenant en danger et qu'elle risque de mourir bientôt. Je suis désolé de ce qui arrive. »

7. Accueillir les réactions et répondre aux questions, s'il y a lieu. Parfois, il est nécessaire de répéter avec des mots différents.

8. Rassurer l'enfant sur la suite des choses. L'informer que sa mère ou son père continuera à avoir des soins par une équipe spéciale afin d'assurer son bien-être. L'inviter à être présent auprès de son parent, s'il le désire. Et finalement, le sécuriser et le réconforter quant à son avenir et aux gens qui prendront soin de lui.

La perte d'un parent est un deuil contre nature. Il faut agir de façon préventive et aider l'enfant à se préparer à la séparation (Lemoine[4]). Parmi les démarches utiles à l'enfant, savoir dire adieu et amorcer l'acte auprès de son parent peut s'avérer un moment

---

4. Bernadette Lemoine, *Maman, ne me quitte pas! Accompagner l'enfant dans les séparations de la vie*, Saint-Paul, Paris, 2005.

déterminant dans le processus d'intégration de la perte (Le Shan[5]).

FAIRE SES ADIEUX

À la suite de l'annonce de la mauvaise nouvelle par son parent mourant ou une personne de confiance, l'enfant aura besoin du soutien de ses proches. Il participera avec eux, comme membre actif, toujours s'il le désire, aux derniers moments de vie de son parent. Ces instants précieux lui offriront l'occasion de régler ses affaires (réconciliation, réassurance, etc.) avec sa mère ou son père, et surtout, de faire ses adieux. Tout ce processus s'accomplira dans un langage (à la fois verbal et non verbal) propre à l'enfant. Le dessin, le jeu, l'échange d'objets symboliques, l'humour, le toucher (les câlins) sont autant de façons de manifester son affection, sa peine et même son désarroi (Ben Soussan, Gravillon[6]).

Les enfants comme les adultes ne peuvent esquiver cet instant à la fois douloureux et privilégié de la fin de vie. Mais la vie est forte et, malgré le chagrin, une petite voix intérieure nous invite à rebondir. Un sourire, une fleur, un rayon de soleil ou un mot doux nous convie à poursuivre l'aventure de la vie. Riche de l'héritage affectif de son parent décédé, l'enfant pourra s'inscrire

---

5. Eda Joan LeShan, *J'ai douze ans et je ne veux pas que tu meures: quand un parent est très malade*, Paris, Bayard, 1992.
6. Patrick Ben Soussan, Gravillon, Isabelle, *L'enfant face à la mort d'un proche: en parler, l'écouter, le soutenir*, Albin Michel, Paris, 2010.

dans la continuité de sa lignée. Ainsi, commence un travail de deuil qui lui permettra d'intégrer la perte et de se réinvestir dans la vie.

LES ENJEUX DE LA SÉPARATION

La séparation est chose difficile à réaliser. Ce processus exige que chacun se réapproprie la part de l'autre, c'est-à-dire la contribution que l'autre apportait dans sa vie (en ce cas-ci, la mère et l'enfant). Le problème à surmonter a trait au rôle parental de protection, d'éducation et de dispensation d'affection qui n'a pu être complété. Le parent quitte une œuvre inachevée, laissant l'enfant dans une situation de manque. Ce manque pourra en partie être comblé par le parent survivant et les proches, mais une partie restante s'inscrira dans le développement de l'enfant et dans son histoire personnelle.

Une autre dimension, associée à la complexité du travail de séparation, concerne l'ambivalence des sentiments (Hanus[7]). Tout enfant entretient un rapport amour-haine avec ses parents (parce que la réalité de la vie apporte son lot de frustrations). Dans le cas de la mère, depuis la naissance de l'enfant, elle ne peut répondre en tout et partout à ses demandes. Parfois, l'enfant doit faire face à des délais, et même à des attentes déçues. Par ailleurs, au fur et à mesure que l'enfant grandit, il prend conscience de la vulnérabilité de ses

---

7. Michel Hanus et Barbara M. Sourkes, *Les enfants en deuil : Portraits du chagrin*, Frison-Roche, Paris, coll. Face à la mort, 1997.

parents, de leur côté imparfait, humain. Il est déçu parce que son père n'est pas aussi fort qu'il le croyait, parce que sa mère se fâche pour rien, parce que ses parents ont des limites et ne correspondent pas tout à fait à l'idéal qu'il s'est fait d'eux. L'enfant vit alors une certaine désillusion qui le confronte à la solitude, au fait qu'il a à assumer une part de responsabilité dans son existence afin de combler ses désirs.

Lorsque la mort d'un parent survient à cette période où des sentiments de haine ont été ressentis, l'enfant peut se sentir coupable. Il a l'impression que son désir de mort s'est accompli. « Le souvenir de la bonté et des autres qualités de la personne décédée soulage considérablement la personne en deuil ; cela provient en partie de l'apaisement que lui procure le maintien temporaire de son objet aimé à l'état d'objet idéalisé » (Klein[8]). Le moment de haine exprimé à l'égard de la personne aimée peut lui faire craindre d'être puni par elle après son décès. « Ce n'est que progressivement, en retrouvant sa confiance dans les objets externes et les valeurs de toutes sortes, que la personne en deuil peut raffermir sa confiance dans l'être aimé mort. » (Klein[9]) De ce fait, progressivement, l'enfant va internaliser la perte en prenant à l'extérieur la bonté et l'amour qui lui manquent pour les incorporer à son monde intérieur et augmenter ainsi son sentiment de sécurité. Petit à petit, des processus créateurs s'activeront et lui permettront de surmonter l'épreuve.

---

8. Melanie Klein, *Deuil et dépression*, Payot, Paris, 1968, p. 99.
9. *Ibid.*, p. 100.

ÊTRE À LA FOIS UN AIDANT NATUREL
POUR SON CONJOINT OU SA CONJOINTE
ET UN PARENT POUR SON ENFANT

Il n'est pas facile d'être l'autre parent d'un enfant dont la mère ou le père est gravement malade. Le rôle nécessite d'assumer plusieurs responsabilités, tant sur les plans organisationnel qu'affectif. Les tâches sont nombreuses et la réalité quotidienne, difficile à prévoir. Tout est régi à partir de l'état de santé du patient ou de la patiente au jour le jour. Les rendez-vous médicaux, les examens, les traitements, les soins d'hygiène, l'épicerie, les repas, le lavage, le gardiennage, la transmission des nouvelles à la famille, etc., voilà le défi à relever dans un contexte où les émotions sont à fleur de peau. De plus, il faut savoir que ces conditions ne prévalent pas seulement quelques jours, mais souvent pendant des mois, donnant lieu à un état de fatigue, voire parfois d'épuisement. Et lorsque le processus conduit à une fin de vie, il devient complexe pour le parent aidant naturel d'être à la fois disponible pour sa conjointe ou son conjoint mourant, et pour son ou ses enfants.

Ce parent peut se sentir inconfortable et maladroit à l'égard de son enfant et réclamer l'aide d'un proche pour l'assister dans sa tâche. À ce moment, le soutien des grands-parents, des oncles, des tantes et des amis s'avère fort salutaire. Il est intéressant de noter que dans son étude sur la résilience, Cyrulnik[10] insiste sur l'impor-

---

10. Boris Cyrulnik et Claude Seron (dir.), *La résilience ou comment renaître de sa souffrance?* Fabert, coll. Penser le monde de l'enfant, 2004.

tance pour les enfants en difficulté de disposer de plusieurs figures d'attachement. Ces dernières sont autant
de tuteurs de développement favorisant un nouveau
rapport au monde.

Néanmoins, quand il est possible pour le parent de
prendre un peu de temps pour expliquer l'évolution de
la situation et rassurer son enfant, il contribue à le rendre
plus solidaire de ce qui se passe. L'enfant a besoin de
sentir la proximité de son parent pour se réconforter et
vérifier que ce dernier se porte bien. Effectivement, à un
moment du parcours de la maladie, l'enfant pourrait se
questionner sur l'état de santé de son second parent,
dont il perçoit le degré de tension et de fatigue. Il pourrait même développer l'idée de le perdre. Si la vie a pu
ravir l'un d'eux, pourquoi se priverait-elle de rappeler le
second ?

Il demeure difficile de savoir tout ce qui se passe
dans le monde intérieur de l'enfant. La présence d'un
bon réseau de soutien (famille, amis), basé sur des liens
affectifs et l'établissement d'une communication chaleureuse et réciproque, peut contribuer au maintien d'un
équilibre entre ce qui se vit à l'extérieur, dans la réalité
concrète, et ce qui se vit à l'intérieur, dans le monde
interne de l'enfant. Dire la vérité, nommer ce qui se
passe autour de lui, aide l'enfant à s'ajuster à la dure
réalité à laquelle il est confronté.

LISTE DE RECOMMANDATIONS POUR LES PARENTS

- Choisir un bon moment pour être entièrement disponible à l'enfant.

- Avoir une attention adaptée.

- Dire ce que l'on sait avec douceur, dans un langage compréhensible.

- Permettre que l'enfant pose des questions.

- Être authentique, sincère dans ses échanges avec l'enfant.

- Clarifier la situation pour éviter toute fausse interprétation (peut se faire progressivement, à petites doses).

- Organiser un soutien familial pour la vie au quotidien.

- Maintenir une routine, fonctionner le plus normalement possible.

- Préparer les visites à l'hôpital.

- Éviter de voir l'enfant comme une victime. Lui fournir les conditions qui permettront de surmonter et d'intégrer l'expérience difficile.

- Favoriser le développement de ses ressources internes. Aider l'enfant à trouver en lui une source de confiance et de fierté.

- Informer les gens de votre entourage de ce que vous dites à l'enfant pour qu'ils tiennent le même discours.

- Ne pas associer sommeil et mort.

- Ne pas contraindre l'enfant à des actions (par exemple : l'obliger à aller à l'hôpital). Être patient. Respecter sa façon à lui d'être présent. Respecter son rythme.

- Ne pas s'attendre à ce que l'enfant soit compréhensif. À son niveau de développement, il ne peut pas saisir la réalité de l'adulte.

- Savoir que chaque enfant est unique, a un tempérament qui lui est propre.

- Ne pas faire de promesses que vous ne pouvez tenir.

- Les amis et le jeu constituent des atouts importants. La vie doit se poursuivre et s'actualiser dans ses relations et ses jeux.

- Si possible, personne ne devrait se substituer aux parents. Il est préférable d'agir comme médiateur, de faciliter la communication parents-enfants, si nécessaire.

RÉFLEXION ET CONCLUSION

Il n'est pas facile de définir la mort. Nous connaissons fort peu de choses sur ce phénomène. Nous ne pouvons que décrire ce qui est observable. Pourtant, sa réalité semble bien au-delà de ce que nous pouvons percevoir. Le mystère reste entier. Face à la mort, chacun vit une expérience singulière qui, souvent, transcende la réalité. L'intensité de la douleur ressentie lors de la perte semble nous orienter vers le chemin de la symbolisation. Une façon de nous rattacher à l'objet perdu. S'agit-il d'une construction de l'esprit ou de quelque chose de bien vivant dans l'univers qui trouverait son expression dans le symbole ? À chacun sa réponse.

La compassion et l'amour déployés en situation de grand chagrin donnent accès à plus grand que nous, à un sentiment à la fois d'unicité et d'universalité. Comme le disait Albert Einstein [11] : « Un être humain fait **partie d'un tout** que nous appelons l'Univers. » Quoi qu'il en soit, notre survie dépend de notre capacité à s'unir les uns aux autres, à vivre en interrelation. Cette solidarité est à la fois force de vie et source de réconfort en temps de chagrin. Malgré son jeune âge, l'être humain en voie de développement a la capacité d'affirmer la vie face à l'adversité, s'il est soutenu par des personnes significatives pour lui. (Cyrulnik[12])

---

11. Albert Einstein, célèbre citation du physicien.
12. Comment les enfants voient le monde. Entretien avec Boris Cyrulnik. http://www.scienceshumaines.com/comment-les-enfants-voient-le-monde-entretien-avec-boris-cyrulnik_fr_21211.html.

ANALYSE DU CONTE
PAR ANNOTATIONS

◆

« Pour un enfant, le monde des adultes est mystérieux.
Et pour les adultes, le monde de l'enfance
est redevenu étrange. »

– Jean-François Dortier[1]

---

1. Jean-François Dortier, *Idées reçues sur le monde de l'enfance*, *Sciences Humaines*, 2011.

LURON APPRIVOISE LES FORCES DE L'ESPOIR

Par un beau matin ensoleillé, Luron l'écureuil, fils de Grisouille et de Carotin, s'amusait à courir dans le sous-bois. Malgré son jeune âge, il était très agile. L'œil vif et l'oreille attentive, il déjouait continuellement son petit cousin qui tentait de le rattraper. Ce jeu lui procurait beaucoup de plaisir. «Allez, Frimousse, rattrape-moi!»

Depuis sa naissance, Luron connaissait la chaleur d'un foyer aimant. Pour lui, la vie était simple et joyeuse. Sa seule déception était de n'avoir ni frère ni sœur. Heureusement, il y avait son cousin Frimousse, qui était comme un frère pour lui. D'ailleurs, un soir de pleine lune, les deux petits écureuils avaient décidé de lier leur amitié par un geste symbolique. Dans l'éclat de la lumière lunaire, Luron avait offert une grosse noisette à Frimousse qui, à son tour, lui avait remis une belle grosse arachide bien dodue, déterrée dans un champ aux abords de la forêt. Puis, dans un élan d'enthousiasme, les deux cousins s'étaient fait l'accolade à la façon des écureuils.

Un jour, alors qu'il s'amusait avec ses amis les lapins, au pied du grand hêtre

Luron mène une vie normale, sans problème majeur.

dans la cour d'école, Luron remarqua quelque chose d'inhabituel. **Sa mère, Grisouille, quitta précipitamment la maison en compagnie de Grenoble, la mère de Frimousse, sur le dos de l'aigle Express,** que les amis de la forêt utilisaient quand ils devaient se déplacer rapidement.

Le départ précipité de sa mère marque le début de ses inquiétudes.

Du haut des airs, la maman de Luron lança à son fils d'une voix triste : «Ne t'inquiète pas, mon chéri, je serai rapidement de retour à la maison.» Puis elle disparut dans les nuages. Luron était ébranlé, il n'arrivait pas à comprendre ce qui se passait. Il était plutôt rare que sa maman quitte la maison sans l'aviser. Il n'avait jamais vu sa mère dans cet état. Les heures passèrent et le petit écureuil n'en pouvait plus d'attendre le retour de sa maman. **Il voulait absolument savoir ce qui arrivait à la personne qu'il aimait le plus au monde.**

Il veut savoir. Il se sent interpellé intérieurement.

Il appela donc Télo, le pigeon voyageur. «**Télo, pourrais-tu retrouver ma maman et me dire pourquoi elle a pris l'aigle Express?** Tu es le meilleur détective que je connaisse. Je t'en prie ! J'ai besoin de savoir ! Je crains qu'elle ait des problèmes et j'ai peur. Je l'aime beaucoup, ma maman !»

Luron ressent le besoin d'être actif, de participer.

Après avoir longuement survolé la forêt sans rien apercevoir, il se dirigea vers la prairie. Il passa ainsi d'un paysage verdoyant à une longue plaine dorée où l'herbe pliait au gré du vent. C'est au-dessus de ces champs de blé que Télo crut remarquer la présence de deux petites silhouettes. Heureux d'avoir enfin retrouvé la maman de Luron, il amorça aussitôt sa descente, mais, se ravisant, préféra plutôt s'approcher en douce, sans se faire voir. Les deux amies écureuils entraient chez le docteur Renardo !

Étonné, Télo atterrit à l'entrée du terrier où le docteur recevait ses patients et, sans faire de bruit, écouta ce qui se disait à l'intérieur. « Votre maladie est très sérieuse », entendit-il le docteur dire à Grisouille. **« Afin de pouvoir vous guérir, nous allons devoir vous soumettre à des traitements médicaux extrêmement difficiles à supporter. »** Le docteur Renardo fit une pause puis poursuivit : « Malheureusement, ces médicaments vous donneront l'impression d'être encore plus malade, car ils provoqueront beaucoup d'effets secondaires. Ainsi, vous perdrez temporairement votre belle fourrure, vous aurez des nausées et il est même possible que vous vomissiez. Cela fait

Introduction des notions médicales liées aux traitements. Le rôle du médecin s'établit. Il sera présent tout au long du parcours de la patiente. C'est un partenaire essentiel pour la survie de sa mère.

partie du processus normal des traitements.

« En tant que médecin, je vous accompagnerai et vous soulagerai tout au long du parcours. Je tiens aussi à vous préciser que vous ressentirez une grande fatigue. Une fatigue si grande que vous ne pourrez plus sauter de branche en branche, et surtout, il deviendra difficile de vous occuper de Luron. **En conséquence, il serait souhaitable de demander de l'aide dès maintenant ou même d'envisager de le faire garder chez une personne de confiance, de temps à autre.** »

En entendant ces paroles, Télo comprit que la situation était grave. Quelle maladie pouvait donc nécessiter des traitements aussi éprouvants? Que faire maintenant? Le pauvre pigeon se sentait incapable de transmettre ces informations à Luron ; cela ferait trop de peine à son ami. Bouleversé, **il décida d'aller prendre conseil auprès de Margot, la vieille chouette, reconnue pour son savoir et sa sagesse.**

La communauté de la forêt avait depuis toujours l'habitude de consulter cette grande sage lorsque les événements de la vie semblaient insurmontables. Les animaux appréciaient ses bons conseils et aimaient bien l'entendre raconter ses histoires

Mais Luron, comme les enfants dans la même situation, aura peu de contact direct avec lui.

Annonce des bouleversements concrets dans la vie de Luron.

Margot représente une personne de confiance, expérimentée, à qui on peut se référer. Étant extérieure à la situation, elle peut offrir un soutien

d'autrefois. La chouette Margot savait beaucoup de choses sur la vie des habitants de la forêt, car elle y vivait depuis fort longtemps. Elle habitait dans le creux d'un gros pin centenaire, au sommet de la montagne sacrée.

Plus Télo approchait de sa maison, plus il se réjouissait de pouvoir partager son secret avec quelqu'un. Dame Margot, plongée dans la lecture d'un grand bouquin, sursauta quand elle vit le pigeon se percher sur le bord de sa fenêtre : « Bonjour, Margot !

– Salut, mon ami ! lui répondit-elle de sa douce voix. Quelle joie de te revoir ! Je t'en prie entre que je t'offre à boire. »

Mis en confiance, Télo lui raconta ce qu'il avait appris au sujet de la maman de Luron. Tout en sirotant son thé des bois, la chouette lui dit : **« Ne penses-tu pas que Grisouille, en tant que mère, devrait parler elle-même à Luron et lui dire toute la vérité ?** Qui peut offrir les meilleures réponses et le plus grand réconfort à notre petit écureuil, sinon sa propre maman ? C'est dans l'amour et l'entraide qu'on trouve les plus grandes forces pour faire face aux difficultés. **Il se peut qu'ils pleurent ensemble, mais il ne faut pas craindre les larmes, ce sont de petits diamants produits**

plus dégagé sur le plan émotif. Elle peut aussi représenter la conscience réfléchie face à la tragédie possible.

Si les circonstances le permettent, les parents devraient expliquer le contexte de la maladie à l'enfant et le faire ainsi participer de façon constructive à l'expérience dont il fait partie.

par le cœur en peine, une richesse de l'amour. Une fois les larmes versées, la peine diminue et une énergie nouvelle apparaît.

Télo comprit le message. Il savait maintenant qu'il ne lui appartenait pas d'annoncer lui-même la nouvelle à Luron. Au moment où l'oiseau se préparait à s'envoler, dame Margot rajouta ceci : « Ton ami aura grand besoin de ton soutien et de ton amitié. Sois un petit soleil pour lui ! Au revoir et bon courage, bel oiseau voyageur ! » Et, d'un coup d'aile, il s'envola le cœur un peu plus léger, sachant désormais ce qu'il devait faire.

Pendant ce temps, Luron était toujours aussi inquiet ; il décida donc d'interroger son père, Carotin. Le malheureux papa ne savait pas quoi répondre, **car il croyait qu'il était préférable de cacher la vérité à son petit. Il voulait éviter que Luron ait de la peine.** Il lui dit donc : « Ça ne me semble pas grave du tout. Comme toi, j'attends le retour de ta maman Grisouille pour éclaircir la situation. Va jouer avec tes amis, tout rentrera bientôt dans l'ordre ! »

Luron voyait bien que son père était troublé et qu'il évitait de prolonger la conversation. Cela rendit le petit écureuil encore plus triste. Dans sa tête, il se disait :

Dédramatiser l'expression de la peine. Elle ne provoque pas l'effondrement, bien au contraire. Chaque émotion a sa raison d'être.

Même si les choses ne sont pas dites, l'enfant perçoit et ressent le climat émotionnel. Ne sachant pas de quoi il en retourne, il se construit une interprétation qui peut se révéler pire que la réalité.

Les parents ne font pas confiance aux enfants. Ils pensent qu'ils ne perçoivent rien, qu'ils sont sourds et aveugles. Pourtant, je vois bien que papa et maman sont tristes et inquiets. J'ai très peur!

Ne voulant pas insister davantage, par crainte d'embarrasser son papa, Luron partit se réfugier dans une petite grotte au flanc de la montagne. En plus d'avoir du chagrin pour sa mère, sa peine grandissait, car il se sentait seul, abandonné à lui-même. Il se mit à penser à voix haute: **Et si maman était malade à cause de moi? Nous avons eu une dispute dernièrement et j'ai alors souhaité qu'il lui arrive du mal... Si tout était de ma faute?** Les larmes coulaient sur ses joues arrondies quand, tout à coup, il crut entendre une voix à peine audible murmurer: «Pauvre Luron!

– Qui est là?» demanda le petit écureuil, tout surpris.

– Penche ta tête et regarde près de ta patte gauche: c'est moi, Lambino l'escargot. Prends garde de ne pas m'écraser!»

L'escargot avait entendu ce qu'avait dit le petit écureuil. Bien installé sur une roche humide, Lambino prenait son temps pour formuler ce qu'il avait à dire. «Cher Luron, tu sais à quel point tu peux me faire

Si l'enfant perçoit la fragilité de son parent, il tentera de le protéger en lui épargnant la confrontation.

Le sentiment de culpabilité est fréquent. Il met en perspective le sentiment amour-haine qu'éprouve tout enfant pendant son développement.
(M. Klein)

confiance. Je connais ta famille depuis si longtemps ! Dans ma vie, j'ai déjà été confronté à une situation semblable à la tienne, et j'ai pensé, moi aussi, que j'étais responsable de ce qui arrivait à mes parents. Pourtant, ce n'était pas le cas. Je me suis rendu inutilement malheureux. Ce n'est pas parce que tu es en colère contre quelqu'un, et que tu racontes des méchancetés à son égard, que ces mauvaises choses se réaliseront dans la réalité.

« La pensée et le geste sont deux choses bien distinctes. Il est normal d'être fâché parfois, et d'avoir toutes sortes d'idées pas très gentilles. Cela ne fait de mal à personne, sauf à toi-même, car on ne se sent pas bien quand on est en colère. **L'important est de parvenir à contrôler ce que tu penses. Il suffit de se calmer, de bien respirer et de prendre le temps de réfléchir avant d'agir.**

« Tiens, essaie avec moi ! On respire bien... 1... 2... 3... Ouffff ! On relaxe ! Tu n'es pas responsable de ce qui arrive à ta maman. **Malgré certains moments de colère, c'est l'amour que tu ressens pour elle qui compte le plus.** »

Le petit écureuil eut un grand sourire. « Je ferai tout ce que je peux pour que

Développer la maîtrise de soi, apprendre à gérer son monde intérieur. Trouver un moyen de se calmer.

Normaliser le sentiment de colère éprouvé envers sa mère.

maman aille mieux!» dit-il. Le cœur plus
léger, Luron salua l'escargot et reprit le
sentier de la maison. Chemin faisant, il
aperçut un petit point blanc dans le ciel qui
semblait se rapprocher de lui. Il reconnut
bientôt Télo. Luron était impatient de savoir
ce que l'oiseau détective avait découvert.

« Salut, mon ami, me rrrrrrrrevoilà!» dit
l'oiseau d'une voix roucoulante. «Grâce à
mes talents de détective, j'ai trouvé
l'information que tu cherchais. Toutefois, je
ne peux te la révéler, car je ne saurais avoir
les mots justes. **Cher petit, crois-moi, seule
ta mère peut vraiment t'expliquer ce qui lui
arrive, ce qu'elle vit.** Je ne peux que te
diriger vers ta maman et t'encourager à lui
poser les questions qui t'inquiètent. Va, petit
écureuil! Et n'oublie pas que si tu as besoin
de moi à nouveau, tu n'as qu'à siffler et je
viendrai aussitôt.» Sur ce, le pigeon
déploya ses ailes et s'envola dans le ciel.

*L'entourage guide,
oriente l'enfant
dans ses actions.*

Tard en après-midi, juste avant que le
soleil se couche dans un ciel lumineux
aux teintes orangées, maman écureuil
revint à la maison. Le silence régna
tout le long du souper. Au moment où
Grisouille préparait le bain de Luron,
ce dernier risqua une première
question : «**Maman, qu'est-ce qui
t'arrive?**»

Devant le silence de sa mère, il poursuivit : «Pourquoi es-tu partie sur l'aigle Express?» La gorge serrée et les yeux pleins d'eau, il insista : «Maman, réponds-moi!»

Grisouille mit sa patte dans l'eau pour en vérifier la température et ferma le robinet. Puis elle redressa la tête et regarda tendrement son fils dans les yeux. **Ne pouvant résister au regard implorant de son Luron, elle le serra contre elle et l'étreignit avec sa queue.**

«Je suis désolée que tu aies de la peine à cause de moi. J'aurais voulu t'épargner ce chagrin», dit-elle la voix tremblante. Puis elle reprit : «Je ne sais comment te dire ces choses… **Mon corps est malade, il ne réagit plus normalement.** Certaines cellules se reproduisent trop vite et envahissent ma mamelle. Elles forment une bosse qu'on appelle tumeur ou cancer. »

Puis elle mit sa patte sur sa tumeur. «Tu vois, c'est la petite bosse que j'ai ici. » Luron regardait sans trop comprendre. Son visage se plissa et il fit une grimace. Sa mère continua en affichant un tendre sourire : «Rassure-toi, il y a des traitements médicaux pour tenter de me guérir. Le médecin enlèvera cette bosse et détruira les mauvaises cellules qui pourraient en

Bien soutenus, les enfants sont capables d'un grand courage.

Les manifestations d'affection, de tendresse et de réconfort sont essentielles pour le bien-être de l'enfant.

Expliquer la maladie dans des mots compré-hensibles pour l'enfant. Il est aussi possible d'utiliser des images ou de faire un dessin.

fabriquer d'autres. Le traitement nécessitera beaucoup de patience et beaucoup de temps. Il faudra au moins trois saisons pour me soigner.»

Luron écoutait attentivement. De toute façon, il n'avait plus envie de parler. Il souhaitait seulement que les choses redeviennent vite comme avant. Grisouille poursuivit: «Nous sommes actuellement en automne; le médecin croit que je serai rétablie avant l'arrivée de l'été.» Elle cessa de parler un moment puis essuya une larme qui glissait sur sa joue ronde. «**Mais ne crains rien. Avec les bons soins des médecins, l'amour de notre famille, ainsi que le soutien des amis de la forêt, je trouverai les forces nécessaires pour vaincre cette vilaine maladie.**»

Renforcer l'espoir. On ne baisse pas les bras, on fait face à l'adversité, car la situation n'est pas désespérée.

Puis elle regarda le petit écureuil droit dans les yeux: «Quant à toi, je compte sur ta joie de vivre, ta bonne humeur et ton entrain pour m'encourager. **Tu dois continuer à t'amuser tout en accomplissant certains petits gestes qui pourraient m'aider à aller mieux.** Par exemple, tu pourrais éviter de faire trop de bruit quand je serai au repos, ramasser tes jouets, ne pas tarder à entrer à la maison après l'école pour ne pas m'inquiéter. Et surtout, dit-elle avec insistance, sache que

Il est important de situer l'enfant dans son rôle, comment il peut être actif et utile. Cela contribue à diminuer l'anxiété et favorise un sentiment de prise

chaque instant, peu importe mon état, je t'aime et t'aimerai toujours. »

Quelle nouvelle! Les yeux mouillés, reniflant avec peine, Luron garda le silence. Dans son cœur, il se sentait à la fois triste et rempli d'amour pour sa maman. « Je t'aime aussi, maman ! » Puis ils passèrent un long moment blottis l'un contre l'autre.

Maintenant tout était clair. Chacun connaissait son rôle dans la famille. Il fallait aller de l'avant et commencer les soins médicaux le plus tôt possible. Le premier traitement de chimiothérapie fut donné. Grisouille était très courageuse, elle avait confiance en la médecine. **Pendant toute la durée des traitements, malgré ses malaises, il lui arrivait de rire, de chanter et même de diriger la cueillette des noisettes, en prévision de l'hiver.**

Quand vint le moment où Grisouille perdit ses poils, Luron et son père lui réservèrent une surprise. La maman écureuil avait toujours rêvé d'avoir une fourrure rousse semblable aux petits tamias. **Ils lui avaient donc fait fabriquer un joli manteau aux belles couleurs flamboyantes, composé de vrais poils que les petits rongeurs de la forêt avaient volontairement offerts.** Chaque tamia portait maintenant la trace de son don sur un bout de queue dénudée

de contrôle sur la situation (en opposition au sentiment d'impuissance).

L'adaptation.
La vie se rééquilibre en dépit des bouleversements.

Les gestes de solidarité donnent confiance en la vie. Ils renforcent le sentiment que la vie peut être bienfaisante.

qu'il brandissait avec fierté. «Quel magnifique manteau!» s'écria la maman de Luron, émue par ce geste de solidarité. Elle le porta avec coquetterie tout au long de l'hiver.

L'automne, l'hiver et le printemps passèrent comme il se doit. Alors que les saisons s'écoulaient, Luron continuait de grandir et de s'épanouir. Il avait appris à vivre en tenant compte des troubles de santé de sa mère. **Il savait dans son cœur qu'il était devenu un peu différent des autres enfants, qu'il avait vieilli un peu plus vite. Luron avait développé la capacité d'être responsable, c'est-à-dire d'aider sa mère.** Mais tout cela ne le rendait pas malheureux, le petit écureuil était fier de faire équipe avec sa famille contre cette terrible maladie.

À l'arrivée des premières fleurs, les traitements de Grisouille se terminèrent. Petit à petit, elle reprit des forces et recommença à devenir active, comme avant la maladie. Elle se remit à sauter de branche en branche, à cueillir et à ouvrir des glands pour en extraire le noyau, si bon à déguster. Son rétablissement se fit progressivement et la joie revint dans la famille et parmi les amis de la forêt.

L'enfant devient plus conscient des enjeux de la vie. L'expérience le rend souvent un peu plus mûr.

Afin de souligner le retour à la santé de la maman écureuil, une grande fête fut organisée. On construisit une énorme pyramide de noisettes, aussi imposante qu'un ours. Frimousse, le cousin de Luron, toujours présent comme un frère, grimpa au sommet de la pyramide où on avait déposé une belle grosse noix de Grenoble. De là-haut, il cria à Luron : « Viens me rejoindre, mon frère, le festin nous attend ! » Grisouille profita de l'occasion pour remercier tous les animaux qui l'avaient soutenue durant son épreuve. « Je suis fière d'être membre de cette communauté », dit-elle très fort, les yeux pétillants.

La fête apparaît comme un rituel qui marque la fin d'une étape et le début d'une nouvelle.

Tout le monde applaudit, parce qu'eux aussi étaient fiers d'avoir soutenu et encouragé Grisouille en l'accompagnant à l'hôpital, en lui offrant des repas préparés ou en gardant Luron de temps à autre. Tous ces petits gestes avaient rendu la vie de Grisouille plus facile pendant sa maladie.

Dès lors, la famille reprit une vie normale. Mais tout n'était pas redevenu tout à fait comme avant.

À la suite de cette expérience, Luron avait appris des choses sur lui-même. Désormais, il savait qu'il portait en lui une grande force et beaucoup de courage.

Les acquis issus de l'expérience de la maladie.

L'AMOUR POUR TOUJOURS

Voilà maintenant plus d'un an que Grisouille, la maman de Luron, le petit écureuil, avait recouvré la santé. Quel soulagement! Surtout pour Luron qui avait pu reprendre une vie normale. Comme l'automne s'installait, les enfants reprirent ainsi le chemin de l'école. Le cœur joyeux, Luron sautillait et gambadait avec ses amis qu'il retrouvait pour une nouvelle année scolaire. Jeannot le lièvre, Bruno l'ourson, Riki la marmotte, Dandy le faon, Pic-Pic le porc-épic, Léo le louveteau, Zarzette la belette; tous se revirent avec plaisir dans la vallée sous le grand hêtre. Ils attendaient tous avec impatience l'arrivée de leur professeur.

Tout à coup, un bruit d'ailes se fit entendre dans le ciel. **Les élèves levèrent la tête et virent maître Tourni, une oie blanche de forte stature, atterrir devant eux. «Aie! Aie! Aie!» s'écria l'oiseau, en roulant queue par-dessus tête.** «Me voilà, chers petits! Je suis votre nouveau professeur!» dit-il, les lunettes en équilibre précaire sur le bout du bec. Personne n'osait parler et on n'entendait plus que

Cette séquence de l'histoire replace l'enfant dans une perspective enfantine où l'imagination et le rire sont nécessaires.

le bruissement des feuilles rouges et jaunes qui tombaient doucement des arbres.

Puis il reprit la parole : «J'arrive à l'instant même d'un tour du monde. J'ai rencontré des éléphants, des tigres, des pandas, des kangourous, des ours polaires, et maintes autres espèces dont j'aurai l'occasion de vous parler ! » Luron était fasciné. Il caressait secrètement le rêve de pouvoir voyager, de connaître d'autres lieux, d'aller au bout du monde. *Ce sera une année formidable*, se dit-il.

Chaque matin, les animaux se dirigeaient vers le soleil levant, là où se trouvait leur école. L'hiver avait déjà tout recouvert d'un tapis moelleux garni de mille diamants scintillants. Maître Tourni n'avait pas l'habitude de rester dans la forêt pendant la saison froide. Les autres oies étaient depuis longtemps parties pour le Sud. Le bel oiseau avait cependant plus d'un tour dans son sac, il avait installé de petits capteurs de chaleur solaire entre ses plumes, ce qui devait lui permettre de donner ses cours pendant toute l'année scolaire !

Luron n'avait jamais autant admiré un professeur, ni autant aimé l'école. **Maître Tourni apprenait à bien connaître ses élèves et à apprécier les talents de chacun.**

Établissement du rôle du professeur : enseigner, éduquer

Il voulait que tous s'épanouissent et participent à la vie de la communauté. Il détectait rapidement les querelles, ou tout ce qui n'allait pas parmi ses protégés, et tentait de les aider. C'est ainsi qu'il s'aperçut que **Zébulon, le jeune raton laveur, semblait avoir changé de caractère.**

Zébulon, réputé pour être le bouffon de la classe, ne rigolait plus. Bien au contraire, il se chamaillait, provoquait des disputes et insultait ses copains. Il avait même mordu son meilleur ami Luron, parce que ce dernier le taquinait après avoir gagné un concours d'épellation. «Mais que se passe-t-il? Je ne te reconnais plus. Tu étais mon ami. Pourquoi me faire du mal? lui demanda Luron.

– Fiche-moi la paix!» lui répondit effrontément le raton laveur. «Je ne veux plus rien savoir de toi. Tu n'es plus mon ami. Je te déteste.»

Luron ne comprenait plus rien. Il était à la fois fâché et triste. Comment son ami pouvait-il agir ainsi? Quelle mouche l'avait piqué pour qu'il soit devenu aussi cruel et détestable? Luron se retira, laissant seul l'impitoyable raton laveur. Zébulon criait: «Allez-vous-en tous! Je n'ai besoin

et guider sur les plans intellectuel et social.

Le changement de comportement soudain (agressivité, perte d'attention, mise en retrait, grande tristesse...) est un indice de souffrance psychologique, de perturbations internes.

de personne ! Vous êtes tous des idiots. »
Témoin de la scène, maître Tourni lui
demanda de rester après la classe afin
d'éclaircir cette situation.

À la fin de la journée, Zébulon continuait
toujours de grogner son mécontentement en
attendant son professeur. Comme ce dernier
tardait à venir, le petit raton commença à
faire des graffitis sur le pied du grand hêtre.
« Que fais-tu là ? » demanda le maître tout
étonné. « Je… je… », dit Zébulon, incapable
de poursuivre sa phrase, tant il était étonné
d'avoir été pris sur le fait.

**Calme et chaleureux, Tourni invita
l'élève à venir s'asseoir près de lui.** Puis il
commença à lui parler : « Tu sais, cher
Zébulon, que je t'aime bien. Tu es vif
d'esprit et tu sais nous faire rire. C'est une
grande qualité que de pouvoir répandre la
joie autour de soi. **Mais depuis quelques
jours, je remarque que ton cœur est plein
de colère. Tu fais de la peine à tes amis
et tu les rejettes, alors eux aussi te
repoussent.** Je suis attristé de te voir ainsi.
Peux-tu m'expliquer ce qui t'arrive ?
J'aimerais t'aider. »

Zébulon regarda le professeur avec ses
grands yeux noirs. Son regard semblait
troublé par quelque chose. Il demeura
muet. Alors Tourni comprit que Zébulon

*Le professeur
cherche à
comprendre et
à faciliter la
communication.
Il invite l'enfant à
exprimer ce qu'il a
sur le cœur.
Il adopte une
attitude
bienveillante.*

*Il se peut qu'en
manifestant de
l'agressivité,
l'enfant cherche
à être puni pour
soulager sa
douleur, parce
qu'il ne sait pas
comment se
réconforter.
Il fait vivre*

vivait quelque chose de très difficile. Il retira ses lunettes, s'approcha tout près de son petit élève, le couvrit de son aile et, patiemment, attendit qu'il se confie.

Après quelques minutes, des larmes se mirent à couler des yeux de Zébulon, tant et si bien qu'on aurait dit qu'il n'arrêterait jamais de pleurer. Puis, petit à petit, il prononça ces quelques mots : « Ma mère est à nouveau malade. Le cancer est revenu et ne va plus partir. Je pense qu'elle va mourir. »

Le professeur regarda Zébulon avec tristesse. Le maître et son élève restèrent un long moment sans parler. Voyant qu'il se faisait tard, Tourni suggéra au petit raton laveur de rentrer à la maison avant qu'il ne fasse trop sombre. « Merci d'avoir partagé ton secret avec moi. Tu peux compter sur moi. Viens me voir aussi souvent que tu le désires », lui dit Tourni. Zébulon essuya ses yeux, moucha son nez, prit une grande respiration, afficha un sourire un peu forcé et partit vers sa maison.

Ce moment partagé avec son professeur lui avait fait grand bien. Il se sentait libéré d'un grand poids. Enfin, il n'était plus seul avec son secret et sa peine. Dans les jours qui suivirent, le jeune raton laveur changea d'attitude. Il avait commencé à dire à ses

aux autres ce qu'il ressent à l'intérieur.

amis ce qui se passait dans sa famille. **Luron était particulièrement sensible à l'expérience que vivait Zébulon.** Lui-même avait ressenti quelque chose de semblable lorsque sa mère avait dû elle aussi faire face à un cancer.

Au fur et à mesure que le petit raton laveur racontait ce qu'il vivait, Luron se rappelait certains souvenirs. **Il se souvenait, entre autres, des méchancetés d'Igor, le vison malicieux, qui lui avait crié dans la cour d'école: «Ta mère est un ver de terre, un asticot, une pas de poil!»** C'était au moment où Grisouille, la mère de Luron, subissait des traitements qui lui avaient fait perdre tout son pelage. Le vilain vison riait à gorge déployée et répétait ses âneries jusqu'à faire pleurer le petit écureuil.

C'est alors que Bruno l'ourson était intervenu en posant son énorme patte sur le corps du petit vison pour l'immobiliser. «Ça suffit, Igor. Un peu de respect pour la mère de mon ami. Maintenant, excuse-toi sinon tu vas faire un vol plané jusqu'à l'étang!» Le vison n'avait eu d'autre choix que de présenter ses excuses. Luron n'avait jamais oublié cet incident. **Dans son cœur, il s'engagea à protéger Zébulon contre les moqueries des autres.**

La souffrance de l'un éveille la souffrance de l'autre. Exemple de compassion et de solidarité.

La mesquinerie, la jalousie et la rivalité font partie des réalités humaines. Certaines personnes peuvent être impitoyables envers l'enfant malgré sa vulnérabilité. Il faut l'aider à faire face à l'adversité, à se défendre.

Témoignage d'une amitié et d'une loyauté admirables.

Finalement, toute la classe avait été informée du problème de santé de Blondine, la mère de Zébulon. Un jour que le raton laveur ne s'était pas présenté à l'école, Zarzette la belette eut une idée : **« Si on confectionnait tous ensemble une carte d'encouragement pour Blondine ? Ce serait notre façon de dire à Zébulon que l'on partage un peu sa peine.**

– Quelle bonne idée ! répondit le professeur.

– Tout le monde au travail ! » s'écria Luron.

En peu de temps, la classe devint un véritable atelier. Cartons de couleur, ciseaux, colle, rubans, cordes, plumes, tous les matériaux étaient permis. Fleurs, avions, cœurs, nuages, soleils, maisons et anges prenaient vie sur la carte géante. Une véritable œuvre d'art venait d'être créée ! « Magnifique ! » s'exclama le professeur.

Très enthousiastes à l'idée de remettre ce présent, les élèves décidèrent de confier la livraison de la carte aux deux cousins, Frimousse et Luron. Maintenant, il fallait choisir une façon originale de la présenter à la mère de Zébulon. Ils construisirent donc un traîneau en forme de bateau avec la carte comme voile.

Le soutien social : une force humanitaire qui préserve la qualité de vie en dépit des malheurs. Par ce passage, l'enfant est sensibilisé à l'entraide.

La générosité nourrit autant celui qui en est l'objet que celui qui la manifeste. Elle permet de se sentir bien par rapport à soi-même.

Le soir même, sachant que la famille de Zébulon était à la maison, **les deux élèves partirent, contents, mais un peu nerveux quand même, en tirant derrière eux le traîneau.** Luron frappa à la porte et demanda à Blondine et à sa famille de regarder par la fenêtre. Ils furent tous à la fois impressionnés, émerveillés et excités à la vue de ce magnifique voilier des neiges.

Sortir de soi pour aller vers l'autre.

Malgré l'état de santé de Blondine (qui avait peine à demeurer debout), ce moment magique mit beaucoup de joie dans leurs cœurs. *Mission accomplie!* se dirent les deux complices, qui quittèrent les lieux après avoir fait une chaleureuse accolade à leur ami Zébu.

Le lendemain, Zébulon n'était toujours pas revenu à l'école. **Tout comme ses frères et sœurs, il voulait rester avec sa mère pour attendre la visite du docteur Renardo, car sa mère ne se sentait pas bien du tout.** Le docteur était arrivé très tôt le matin. Il avait ausculté Blondine, vérifié son pouls, sa respiration, sa tension, examiné ses yeux et posé quelques questions. Ensuite, il s'était assis sur le bord de son lit: «Chère Blondine! dit-il. Je ne sais comment vous dire cela. Les médicaments disponibles pour traiter votre cancer ne fonctionnent plus. La maladie progresse très vite et je ne

Besoin d'être avec ses proches pour s'épauler dans un moment difficile. Cela rend la situation plus tolérable. Importance des liens affectifs.

peux plus la contrôler. » Il reprit son souffle et ajouta : « **Malheureusement, il vous reste peu de temps à vivre.** » C'est à ce moment que Clopin, le mari de Blondine et père de Zébulon, éclata en sanglots. **Les enfants, qui attendaient dans la pièce à côté, entendirent ses pleurs et entrèrent précipitamment dans la chambre. Le moment était difficile.** Ils se placèrent à côté de leur père et restèrent pour entendre la suite des choses.

Le docteur Renardo reprit son discours. « Dans les circonstances, je crois que le moment est venu de penser à vous rendre à la GROTTE DES ADIEUX. Ce lieu, réservé aux personnes en fin de vie, est situé tout au haut de la colline, il offre une vue splendide sur les alentours. La chouette Margot, la sage de la forêt, s'y rend tous les jours pour échanger avec ceux qui le désirent ; elle leur offre une potion apaisante, que les plus grands savants ont concoctée pour soulager la douleur des malades.

« Si votre famille le désire, elle pourra vous y accompagner ; une place est prévue pour elle. Plusieurs bénévoles de la communauté de la forêt y sont aussi présents, afin de vous proposer de petites douceurs. Si toutefois cela n'était pas votre

Annonce de la fin de vie.

Pour un moment, tout semble irréel.

choix, des soins pourraient aussi vous être donnés à la maison. Je suis vraiment désolé, ajouta-t-il. Pensez-y. Quand vous aurez pris votre décision, dites à Télo le pigeon de m'en informer. »

Et il quitta les lieux lentement, la tête baissée. **Très ébranlée par cette nouvelle, toute la famille se mit à pleurer et à sangloter. « Maman, je ne veux pas que tu meures »**, hurlait Zébulon, le plus jeune des enfants. Il était inconsolable.

C'est la crise, le déchirement. La douleur de la séparation commence à se manifester.

Quand le calme fut revenu, et que chacun, bien que triste, fut à nouveau capable de réfléchir, Blondine leur fit part de son désir d'aller terminer sa vie à la GROTTE DES ADIEUX. Ce ne fut pas facile de quitter la maison familiale. Le jour où elle partit, elle fit le tour de toutes les pièces et évoqua de nombreux souvenirs. **Puis elle ouvrit un coffre d'où elle sortit des objets enveloppés dans des feuilles d'érable.** Elle en prit un sur lequel le nom de Zébulon était écrit et le lui remit en lui disant : « Voici un petit présent qui te fera penser à moi et te réconfortera en mon absence. Il n'est pas indispensable, mais pourra t'aider à me parler dans ton cœur quand tu auras besoin de moi. »

La maman règle ses dernières affaires avant de quitter la maison. Ces gestes sont précieux pour faciliter la séparation. Les bons mots peuvent être d'aussi beaux legs que les objets.

Le petit raton laveur rougit et, avec ses petites pattes habiles, développa le cadeau. À la vue de ce trésor, ses yeux s'écarquillèrent et son visage s'illumina. «Hoooo!» s'exclama-t-il, des larmes de joie et de peine entremêlées dans les yeux. **Il tenait dans ses pattes menues une statue de lui-même que sa mère Blondine avait sculptée dans le bois.** Chacun des autres enfants reçut aussi sa sculpture.

Objet de transition. Un objet symbolique pour tolérer et apprivoiser l'absence.

Après la remise de ces cadeaux précieux, Blondine dit qu'elle était maintenant prête à partir. Toute la famille l'accompagna vers la Grotte. C'était la première fois que Zébulon mettait les pieds à cet endroit.

À son arrivée, il se sentit mal. Il ressentit quelque chose qu'il n'avait jamais encore éprouvé. Tout son petit corps tremblait. C'est le moment que choisit Tessy, la marmotte, pour venir accueillir chaleureusement le pauvre petit Zébulon. Elle lui fit visiter les lieux. **Il fut surpris de découvrir que la vie s'y déroulait assez normalement. Il trouva même l'endroit plutôt agréable.** Sa mère occupait une chambre lumineuse qui offrait une vue magnifique sur la forêt.

La vie continue malgré tout. Ce n'est pas toujours le drame. Il y a encore des moments de joie et de rire. Il ne faut pas se sentir coupable de ressentir une satis-faction de vivre.

«Hé, maman! Regarde! On peut apercevoir notre maison!» dit-il. Bien que soulagé d'avoir franchi cette étape, Zébulon continuait néanmoins à se poser

plein de questions. Il avait peur de ce
qui allait arriver. Il ne connaissait rien
de la mort. Il n'avait jamais vu mourir
personne.

Cette nuit-là, **Zébulon fit un drôle de
rêve. Il voyait sa mère s'élever vers les
étoiles.** Plus elle montait dans le ciel et plus
son pelage brillait, jusqu'à se confondre
avec les étoiles. «Tout cela me paraît
étrange», marmonna-t-il. Au matin, à son
réveil, il vit Margot, la sage chouette de la
forêt, qui lui apportait son petit déjeuner.
*Quel hasard! se dit-il. Je vais pouvoir lui
parler de mon rêve. Elle saura me dire ce
qu'il signifie.*

Margot répondit favorablement à sa
demande et convia Zébulon à la suivre à
l'extérieur. Elle l'emmena sur le toit de la
GROTTE DES ADIEUX, un endroit
merveilleux où les rayons du soleil matinal
vous caressent le corps. La neige prenait
des teintes rosées. Aucun mouvement n'était
perceptible, le temps semblait arrêté. Les
deux amis s'installèrent confortablement.
Regardant droit devant lui, Zébulon dit:
«J'ai peur, j'ai très peur!

– C'est normal», lui répondit Margot,
et elle poursuivit: «Mais tu n'es pas seul.
**Tous ceux qui t'entourent éprouvent la
même peur. Il faut juste l'apprivoiser,**

*Processus de vie
interne (psychique).
Richesse de son
monde intérieur.*

*Reconnaître et
normaliser la peur
pour la rendre
tolérable.*

apprendre à vivre avec elle, accepter que ce qui nous est inconnu nous fasse peur. »

Zébulon lui raconta alors son rêve bizarre. « C'est magnifique ! » s'exclama la chouette. « Ce rêve est un cadeau. Il te montre que la vie est toujours en changement. **Dès la naissance, ton corps commence à grandir, à se transformer en adolescent, puis en adulte. C'est le mouvement de la vie.** Puis, un jour, survient le grand changement que l'on appelle la mort.

Le cycle de la vie.

– Y a-t-il une vie après la mort ? demanda le petit raton.

Il faut répondre aux questions avec franchise et simplicité, donner des points de repère.

– Plusieurs y croient et d'autres pas du tout. Chaque religion se représente la vie après la mort d'une façon différente, et croit à une continuité. C'est avant tout une question de foi, cher Zébu. C'est comme croire à l'amour : on ne le voit pas, mais il existe.

— Et toi, qu'en penses-tu, Margot ?

— Eh bien ! J'aime beaucoup ton rêve. **J'aime croire que nous retournons vers les étoiles après notre mort. Mais peu importe ! Une chose dont je suis certaine, c'est que l'amour de ta maman restera toujours dans ton cœur.** À tout moment de ta vie, tu pourras t'adresser à elle, et

Aider l'enfant à internaliser la perte, à transformer son lien avec son parent.

si tu es patient, une réponse naîtra dans ton cœur. Voilà ce à quoi je crois fermement. »

Zébulon se sentait mieux et dit avec un sourire : « Maman sera toujours avec moi. » Il était maintenant temps de retourner auprès de sa mère.

La respiration de Blondine avait changé ; elle était plus saccadée. Elle avait de la difficulté à ouvrir les yeux et ne bougeait plus. Elle râlait un peu, c'est-à-dire que sa gorge faisait un bruit de ronronnement inhabituel. Le docteur Renardo vint à son chevet. Il regarda tendrement Blondine, mit sa main doucement sur son front, tourna son regard vers la famille et dit : « La fin approche, peut-être quelques heures encore, ou moins. »

La description des manifestations de la fin de vie.

Silencieusement, tous s'étaient assemblés autour du lit et avaient posé une main sur Blondine. Clopin, son mari, commença à fredonner une mélodie qu'elle aimait bien et toute la famille se joignit à lui. Chacun était calme. C'est à cet instant même que Blondine rendit l'âme. Ce fut un moment spécial. Bien que Blondine soit morte, chacun continuait à ressentir sa présence. Ils restèrent un bon

Faire des adieux à sa façon.

Pendant un instant, la vie est présente et l'instant d'après, elle n'est plus.

moment à ses côtés. Puis Zébulon lui fit ses adieux : «Au revoir, maman ! Tu peux aller rejoindre les étoiles maintenant».

Quelques jours plus tard, lorsque Luron apprit le décès de la maman de Zébu, il fut triste pour lui. **Puis il eut peur de perdre sa propre mère.** *Et si la maladie revenait?* pensait-il. Il n'arrivait plus à chasser cette idée obsédante. Il ne pouvait plus dormir parce qu'il était trop effrayé.

Encore une fois, une visite chez Margot s'imposait. Au matin, il gravit la montagne sacrée et se rendit au gros pin. Margot n'était pas surprise de voir son jeune ami. «Bonjour, bel enfant ! Quel bon vent t'amène ?» lui dit-elle, tout en continuant de préparer son thé des bois. Luron tenta maladroitement de s'asseoir sur un immense champignon gris, et «bang» il glissa et se retrouva par terre ! Margot éclata d'un grand rire ! Un peu gêné, Luron se mit lui aussi à rire. Qu'il était bon de s'amuser un brin !

«Madame la chouette, lui dit-il, vous savez que la mère de Zébulon est morte ?

– Oui, je sais, répondit-elle.

– Vous savez que ma mère a eu un cancer ? demanda-t-il.

Comme si tout s'était éteint. C'est ça la mort !

Il arrive que certaines situations de perte réactivent la peur chez certains enfants. Ils ont alors besoin de parler, d'être écoutés et rassurés.

– Oui, je sais petit.

– Pensez-vous que ma mère va mourir elle aussi ? » osa-t-il finalement demander.

Margot comprenait ce qui se passait dans la tête de Luron. Elle lui dit : « **As-tu déjà remarqué quand et comment croissent les fleurs ?** Certaines poussent au printemps et ne vivent que quelques jours. Elles semblent là pour nous donner espoir. Nous dire que la nature s'éveille et nous réjouir le cœur, malgré leur courte vie. D'autres, plus résistantes, demeurent avec nous jusqu'à l'automne. Ces fleurs offrent de la nourriture aux abeilles et à d'autres insectes. Ainsi, la durée de vie de chaque fleur est variable, mais chacune a sa beauté et son importance, tout comme nous. »

Elle s'interrompit un instant pour servir un verre de thé des bois à son petit visiteur. Luron aimait bien la saveur de cette boisson chaude. **Margot poursuivit : « Je ne peux pas me prononcer sur la durée de vie de chacun.** C'est un mystère. Toutefois, je peux partager avec toi mon histoire. Tu sais, tout comme ta mère, j'ai moi-même eu un cancer à la poitrine. Il y a maintenant plus de vingt ans. Et comme tu peux le constater, je suis encore bien vigoureuse. Il est possible qu'il en soit ainsi pour Grisouille. »

Analogie avec les fleurs pour parler de mystère. Il y a des phénomènes qu'on ne peut expliquer. Même si on est un adulte.

L'enfant de cet âge sait qu'on ne sait pas tout. Mieux vaut être honnête.

Le petit écureuil était bouche bée. Jamais il n'aurait soupçonné une telle histoire. Elle poursuivit : **« L'important est de vivre pleinement chaque jour qui nous est donné. »** Luron se sentait soulagé. « Merci, dame Margot ! » s'exclama-t-il d'un ton joyeux. Puis, impatient de rejoindre son ami Zébulon, il prit congé de son amie la chouette. « Va et sois heureux, petit écureuil ! » lui lança affectueusement Margot pendant qu'il s'éloignait. Notre ami avait compris que personne ne connaît le jour où il va mourir et que chaque jour de vie est un cadeau précieux.

Quelques semaines plus tard, Luron et Zébulon firent une balade au clair de lune. Le ciel était parsemé d'étoiles toutes plus scintillantes les unes que les autres. Les deux amis s'allongèrent sur le sol, appréciant l'odeur de la terre. **Le regard vers les étoiles, ils s'unirent à Blondine, le temps d'un merveilleux petit miracle. « Je t'aime, maman »**, murmura Zébulon. Et, comme un écho, la voix de sa mère murmura à son tour à son oreille : « Je t'aime aussi, mon cher petit. »

Donner des moyens pour vivre avec l'incertitude.

Le moment est propice pour parler de transcendance, de spiritualité ou d'humanisme, selon les croyances de chacun. L'essentiel est d'offrir à l'enfant un sens dans la continuité.

CAHIER PÉDAGOGIQUE

◆

Ébauche d'un rêve de projet pédagogique

*« L'acquisition d'une compréhension mature de la mort
fait partie du processus de développement connu
sous le nom de socialisation. »*[1]

---

1. Traduction libre de «Acquiring a mature understanding of death is part of the developmental process known as socialization.» Lynne Ann DeSpelder and Albert Lee Strickland, *The Last Dance*, McGraw-Hill, New York, 2002, p. 80.

Le conte de Luron met en scène deux personnages qui partagent une aventure similaire, mais dont l'issue diffère. Dans un cas, la mère surmonte la maladie et dans l'autre, elle y succombe. Chacun de ces parcours s'inscrira dans l'histoire de vie de ces enfants et participera à leur développement psychique. Continuer à vivre avec sa mère offre des perspectives de vie fort différentes que d'avoir à en faire le deuil. Lorsque l'objet d'amour n'existe plus, il faut faire un choix entre rester en vie ou subir le même sort (Freud[2]). La plupart du temps, c'est la vie qui l'emporte et l'enfant développe, avec l'aide de son entourage (incluant son professeur et ses amis à l'école), les moyens qui lui permettent de survivre. Il nous paraît important de bien comprendre le processus d'adaptation à la perte de l'être aimé afin de pouvoir agir de façon préventive, tant au niveau clinique que dans le domaine de l'éducation.

Au-delà de l'aide immédiate à apporter à un enfant confronté à la perte d'un parent, nous souhaiterions sensibiliser les intervenants du milieu scolaire à la nécessité

2. Sigmund Freud, *Deuil et mélancolie*, œuvres complètes, tome 13, PUF, Paris, 1988.

de faire de la prévention (primaire et secondaire), c'est-à-dire d'amorcer une réflexion sur la vie et la mort, la santé et la maladie. Il serait ainsi possible de briser le tabou actuel et d'offrir des mots pour dire une expérience parfois difficile à décrire, souvent incommunicable et à laquelle les enfants accèdent de multiples façons. Dans leurs études, B. Lévy et P. Bouchard (1994)[3] ont constaté une surreprésentation de la mort dans la documentation scolaire (livres utilisés en classe). Croire à l'absence du concept et de l'image de la mort dans l'école ne serait donc qu'une illusion. La mort s'y trouve au quotidien. Il nous semble donc essentiel d'outiller les enfants pour les aider à intégrer cette réalité dans leur vie.

Prôner l'innocence ou l'ignorance des enfants en regard de la maladie et de la mort pour leur épargner un souci nous paraît irréaliste et peut engendrer des difficultés dans leur développement. Elisabeth KüblerRoss[4], une psychiatre pionnière dans le domaine des soins palliatifs en Amérique, encourageait la participation des enfants dans le processus du mourir de ses proches. Elle reconnaissait la nécessité d'enseigner aux enfants la réalité de la mort, parce que celle-ci fait partie intégrante de la vie, contribue à orienter nos choix et participe à l'élaboration du sens que l'on donne à notre existence. Dans la même optique, une de nos professeurs émérites

---

3. B. Levy et Pascal Bouchard, *La mort et le deuil à l'école. Bulletin de la Société de Thanatologie*, 99/100, 163-171.
4. Elisabeth Kübler-Ross, *La mort et l'enfant*, Tricorne et Rocher, Genève 1986.

en psychologie de l'Université de Montréal, D^re M. C. Kiely, qui a consacré une bonne partie de sa carrière à l'enseignement et à la recherche relative au mourir et au deuil, insistait sur le fait de bien préparer et de soutenir les enfants pour faire face aux durs événements de la vie que sont la maladie et la mort. Elle avait foi en la nature des enfants, en leur potentiel, leurs ressources internes ainsi qu'au bon accompagnement que les adultes peuvent offrir pour les aider à mieux grandir. Apprivoiser la mort pour devenir des hommes et des femmes capables d'amour.

L'éveil à la conscience de la mort est un moment important dans l'existence humaine. Parler de la mort renvoie à s'interroger sur la vie. Sans lieu de parole ou d'expression, l'enfant entretient des fantasmes, des représentations, des craintes et des désirs qui demeurent captifs de son imaginaire. Il a besoin d'aide pour faire la part du rationnel (du réel), c'est-à-dire comprendre ce qu'il expérimente. La mort le fascine, il joue avec (« je te tue ! », « tu es mort ! »). Il cherche l'inconnu en regardant des films ou en lisant des livres d'horreur. Il a besoin de se réconcilier avec ses propres pulsions et de gérer son anxiété. Dans une telle perspective, apprivoiser la mort s'inscrit dans un processus de développement continu.

DIFFICULTÉS ET DÉFIS POUR L'ENSEIGNANT

Aborder les sujets de la maladie et de la mort peut induire un certain inconfort chez l'enseignant. La crainte de provoquer un déferlement émotionnel chez les enfants ou même la crainte de sa propre émotivité sont des éléments dont il doit tenir compte. Le sujet le place face à sa propre subjectivité. Son principal défi est peut-être de surmonter l'angoisse qu'il ressent vis-à-vis de la mort, ou du moins de l'apprivoiser. Son attitude et ses réflexions seront directement communiquées aux enfants. Il faut donc que l'enseignant soit conscient de ce qu'il transmet. Nul ne possède la vérité sur le sujet. La meilleure attitude nous semble être faite d'authenticité, de simplicité, d'humilité et de bienveillance.

Sachons premièrement que, dans toutes les classes, il y a au moins un enfant en deuil et plusieurs autres qui ont vécu des pertes diverses. Ne pas aborder ce sujet, garder le silence, ne fera pas disparaître la réalité que vivent ces enfants. S'intéresser aux questions fondamentales permet d'ouvrir un dialogue et de se familiariser, à l'aide de mots, à des processus de souffrance et ainsi d'humaniser plutôt que de nier. S'éduquer à la mort pour prévenir, pour voir venir.

Il ne s'agit pas ici d'amorcer une démarche thérapeutique auprès des enfants, mais plutôt une démarche didactique qui viserait à augmenter le niveau de connaissance et de compétence des enfants par rapport à une réalité maintenue taboue dans notre société. La plus grande compétence relativement à la mort reste la vie. Apprendre à mieux vivre, voilà ce que la mort a à nous apprendre. Chaque enfant évolue à son propre rythme. L'expérience se veut gratifiante, enrichissante et non morbide. Les anecdotes, les rires, la spontanéité tout comme la tristesse seront accueillis avec simplicité.

Passer par le conte pour parler des enjeux de la vie et de la mort rend la tâche plus facile. Le but est de parler de la mort pour valoriser la vie. Nous sommes tous du côté des vivants. Prendre conscience de la mort accentue notre conscience d'être en vie. Par ailleurs, tout ce travail s'inscrit aussi dans une culture éthique où chaque individu doit se responsabiliser dans son rapport à l'autre. Cette position éthique ne peut se prendre que si nous sommes bien conscients des enjeux. La mort en constitue l'enjeu principal. Aidons nos enfants à grandir d'une façon responsable et à apprécier la vie.

COMMENT UN PÉDAGOGUE PEUT-IL AIDER LES ENFANTS À APPRIVOISER LES NOTIONS DE MALADIE ET DE MORT?

Le pédagogue peut aider à développer la pensée de l'enfant en favorisant une organisation des idées, des images et des concepts liés à l'expérience de la maladie et de la mort; ce qui lui permettra de saisir une partie de cette réalité et de lui donner un sens. Il peut collaborer à trouver des interprétations inspirantes en se référant à la nature et à son cycle de vie. Cela peut aussi être l'occasion de faire état de ce que la science connaît, de ses progrès et de ses limites.

Parler de la mort, c'est avant tout parler de la vie. C'est accueillir avec authenticité l'éveil à la réalité des choses. La conscience de la mort nous incite à mettre l'accent sur la vie, à stimuler l'espoir. Elle fait appel à la solidarité et mobilise nos actions. Son caractère inéluctable ne la rend pas pour autant malsaine. Elle est à l'origine de grands exploits humains (les héros, les temples, la mythologie), encourage le sens des responsabilités et nous incite à préserver notre environnement. On ne peut parler de la mort sans faire état de nos capacités d'adaptation et de nos liens d'attachement. Il ne s'agit pas d'idéaliser la mort, mais de la reconnaître pour valoriser l'existence.

Afin de favoriser une démarche accessible et concrète, nous proposons l'utilisation de quelques outils pédagogiques. Rappelons à nouveau qu'aborder un sujet aussi profond que la mort doit nécessiter, de la part de l'enseignant, une profonde réflexion sur sa propre finitude.

MOYENS PÉDAGOGIQUES

• Les moments formateurs[5]

Notre compréhension de la mort est liée au processus de socialisation qui oriente l'acquisition de nos connaissances, de nos comportements et de nos idéaux. Le professeur peut saisir les situations et les expériences relatives à la mort pour expliquer aux enfants les normes, les règles et les valeurs de notre société. Il lui faut premièrement repérer le moment propice, puis se demander ce que l'enfant essaie d'apprendre. Ce dernier entend parler régulièrement de guerres, d'ouragans, de famines, d'enlèvements, de meurtres, d'accidents, etc.

---

5. Lynne Ann DeSpelder et Albert Lee Strickland, *The Last Dance*. McGraw-Hill, 2001, pp. 91-93.

Il s'avère important de vérifier ce que l'enfant comprend de ces événements afin qu'il ne soit pas aux prises avec des représentations terrifiantes ou même dévastatrices. Parler de la mort, c'est aussi apprendre à se protéger des dangers. D'autres moments plus réjouissants peuvent être l'occasion de mettre en perspective la beauté, la transformation et même le mystère : la chenille qui devient papillon, la lumière des étoiles qui nous parvient alors que celles-ci n'existent plus depuis des milliers d'années, etc.

Le quotidien offre une multitude d'occasions d'apprendre les processus liés à la vie et à la mort. Pour l'enfant, la perte d'un animal peut ouvrir la voie à l'exploration des sentiments ressentis vis-à-vis de la mort et d'appréhender ainsi sa signification. Chacun de ces moments devient une expérience formatrice où l'enfant est participant et apprend à mieux saisir la vie, à s'outiller pour y faire face.

• L'utilisation des contes et des livres jeunesse

Il existe une vaste littérature pédagogique sur le thème de la mort. Utiliser ce matériel permet de passer par le « filtre de la littérature pour en parler, avec les mots des autres, mais avec notre cœur à nous »[6]. La lecture des contes développe l'imaginaire de l'enfant et l'aide à se réconcilier avec ses propres pulsions. La réalité est

---

6. Sabrina Mazy, *Pourquoi et comment aborder la mort en classe?* Travail de fin d'études. Institut Sainte-Croix à Liège, 2002-2003. Citation reprise de Lydia Bred, p. 24.

souvent ardue et on ne peut nier les notions de bien et de mal, de vie et de mort[7]. Le conte donne le prétexte à l'enfant pour s'exprimer sur ces sujets sans se sentir directement concerné. L'échange en groupe peut contribuer à normaliser ses réactions, faciliter l'émergence de questions ou de réflexions censurées dans le discours quotidien, partager ses inquiétudes, augmenter ses connaissances, déterminer ses émotions et diminuer ses angoisses.

Ce questionnement existentiel peut donner des points de repère aux enfants concernant à la fois les structures de notre société et la vie elle-même ; cette vie dont certains se disent déjà désabusés. Il demeure toutefois que « les livres suggèrent des notions à l'enfant, mais c'est à lui d'en faire l'expérience intérieure »[8]. (Voir suggestions de lectures en annexe 1.)

• L'utilisation de films

Tout comme les contes, les films peuvent servir de base à une discussion. Ils aident à sortir de l'isolement. Plusieurs histoires et documentaires permettent d'aborder la maladie et la mort sans dramatiser, parfois même avec beaucoup d'imagination et d'humour. (Voir suggestions de films en annexe 2.)

---

7. Marie-Ange Abras. *Éduquer l'enfant à la mort en utilisant des ouvrages pédagogiques*. Nouveaux cahiers de la recherche en éducation, vol. 9, n° 1, 2006, pp. 37-56.
8. *Ibid.*, p. 47.

• L'utilisation des contes de Luron et Zébulon

Le but est d'amener les enfants à réfléchir en groupe sur différentes situations présentes dans le conte, à apprivoiser les notions de maladie, de santé, de vie et de mort pour favoriser l'échange. Le groupe offre un lieu de parole, donne à chacun l'opportunité de s'exprimer et d'oser dire qui il est, ce qu'il pense, et d'apprendre ainsi à accueillir l'autre comme personne[9].

L'enseignant peut inviter les enfants à former un cercle de parole (s'asseoir en rond) pour favoriser la discussion. Le professeur lit l'histoire et présente les illustrations. Par la suite, il peut poser les questions ci-dessous à sa convenance. Chaque enfant se réappropriera le conte à sa façon, selon sa propre histoire de vie, ses capacités intellectuelles et affectives. L'intégration de ces notions est un long processus qui se poursuit jusque dans la vie adulte.

Certains enfants réinterpréteront l'histoire et d'autres omettront certains éléments, mais petit à petit, ils commenceront à se poser des questions et à chercher les réponses. Le travail exigé par cet exercice est à la fois de nature cognitive et affective. Il prend en compte la réalité psychique de l'enfant. Il n'y a pas de bonnes ou de mauvaises réponses, seulement un processus stimulé par l'apport de l'enseignant.

---

9. Sabrina Mazy. *Pourquoi et comment aborder la mort en classe?* Travail de fin d'études. Institut Sainte-Croix à Liège, 2002-2003, p. 81. Citation reprise de Lydia Bred.

Histoire de Luron

1. Qu'est-ce que tu retiens le plus de cette histoire ?

2. Qu'est-ce que tu comprends de la maladie, du cancer ?

3. Comment vois-tu le travail du docteur Renardo ?

4. Qui a consolé Luron ? Comment ?

5. Qu'est-ce que la communauté de la forêt a fait pour aider Grisouille, la mère de Luron ?

6. Que penses-tu de la réaction de Carotin, le père de Luron ? Tu te rappelles qu'il ne voulait pas lui dire la vérité pour ne pas lui faire de peine ?

7. Crois-tu que Luron est responsable de la maladie de sa mère parce qu'il était fâché contre elle ?

Histoire de Zébulon

8. Selon toi, qu'est-ce que cela signifie de mourir ?

9. Comment trouves-tu la chouette Margot ?

10. Si Margot était ici avec nous, aurais-tu quelque chose à lui dire ou à lui demander ?

11. Que penses-tu de l'attitude d'Igor, le petit vison ?

12. Penses-tu que Bruno l'ourson, l'ami de Luron, a bien agi pour défendre son camarade ? Qu'est-ce qu'il aurait pu faire d'autre ?

13. Que penses-tu de l'idée de Blondine, la maman de Zébulon, d'aller mourir à la Grotte des adieux? As-tu déjà entendu parler d'un tel endroit? Qu'est-ce qu'il y a de particulier à cet endroit?

14. Qu'est-ce que la maman de Zébulon donne à ses enfants pour qu'ils se souviennent d'elle? Que penses-tu de ce geste?

15. Zébulon se questionne sur la vie après la mort. Toi, qu'est-ce que tu imagines qui se passe après la mort?

16. Comment Zébulon s'y prend-il pour se rappeler l'amour de sa mère? Quel symbole lui rappelle sa maman?

Histoires de Luron et Zébulon ensemble

17. Trouves-tu que le professeur Tourni est un personnage important dans l'histoire? Comment décrirais-tu ce professeur?

18. Quel personnage te plaît le plus? Pourquoi?

19. Quelle partie de l'histoire préfères-tu?

• L'art comme mode d'expression

Nous vivons dans une civilisation de haute technologie et, pourtant, le mystère persiste. La mort reste inexpliquée. Parfois, le discours conventionnel ne suffit pas pour exprimer ce qui est ressenti. Alors, les représentations, les symboles et les métaphores permettent de mieux traduire ce que l'on perçoit, ressent ou pressent. L'histoire de nos deux personnages, Luron et Zébulon, pourrait éveiller des ambiguïtés ou des contradictions dans l'esprit des enfants qu'ils pourraient peut-être exprimer à l'aide d'un dessin (portrait, symbole, mandala…), d'un collage, de la peinture, d'une construction, du théâtre, ou autres moyens d'expression.

En guise d'exemple, nous vous proposons deux activités :

1. **Construire collectivement un voilier des neiges**. L'œuvre pourrait être adressée à quelqu'un que les enfants connaissent et qui vit une épreuve difficile, ou elle pourrait être destinée à promouvoir une cause humanitaire. Le thème serait : *Apporter du réconfort à quelqu'un qui a de la peine*. L'idée sous-jacente est de se préoccuper d'autrui, d'être solidaire, de faire preuve de compassion. Même si le but est de consoler, le travail peut se faire dans la gaîté. « Faire du bien aux autres, ça procure de la joie. » « Ça nous rassure sur le fait que nous pourrions nous aussi bénéficier d'un geste semblable à notre égard ». Au terme de la réalisation, l'enseignant demande aux enfants d'expliquer la signification de ce qu'ils ont produit et, s'il y a lieu, procède à la livraison. Agir concrètement sur la réalité aide les enfants à intégrer des notions parfois difficiles à comprendre par le seul intellect.

2. **Art dramatique**. Les enfants de cet âge aiment beaucoup les jeux de rôles. L'activité consiste à choisir des personnages du conte et à les mettre en scène par le biais des jeunes acteurs. Des moments précis pourraient être réinterprétés à la façon des enfants ou laissés à leur imagination, tel un exercice d'improvisation. Permettre aux enfants de laisser libre cours à leur imagination et à leurs affects peut les amener à comprendre le sens du message qu'on tente de leur communiquer, et contribuer progressivement à trouver un sens à leur existence. Voici la liste des personnages afin de faciliter la sélection des rôles que les enfants voudraient incarner :

Luron — Petit écureuil. Un des héros.

Grisouille — Mère de Luron ; elle est atteinte d'une maladie grave, le cancer.

Carotin — Père de Luron.

Frimousse — Cousin de Luron.

Grenoble — Tante de Luron et mère de Frimousse.

Express — Aigle qui assure le transport des malades.

Télo — Pigeon voyageur et ami de Luron.

Renardo — Médecin de la communauté.

Margot — Vieille chouette reconnue pour son savoir et sa sagesse.

Lambino   – Escargot ami de la famille de Luron.

Les tamias – Petits écureuils souvent appelés « petits suisses » ou « chipmunks ».

Tourni   – Professeur qui enseigne à Luron et Zébulon, à l'école du Grand Hêtre.

Zébulon   – Jeune raton laveur (ratonneau). Le second héros.

Igor   – Un vilain petit vison malicieux.

Bruno   – Ourson ami et défenseur de Luron.

Blondine – Mère de Zébulon dont la vie se termine.

Zarzette – Petite belette aux bonnes idées, amie de classe.

Tessy   – Marmotte bénévole à la Grotte des adieux.

Clopin   – Mari de Blondine et père de Zébulon.

• Des mots pour comprendre (lexique)

Il importe que les enfants comprennent le sens des mots utilisés. Afin de faciliter cette compréhension, nous vous proposons une liste de mots auxquels nous avons associé des définitions simplifiées (non officielles), de manière à les rendre plus accessibles. Vous pouvez par la suite demander aux enfants de compléter les définitions en ajoutant des caractéristiques ou des exemples. Une recherche dans le dictionnaire pourrait finaliser la démarche. Le but est ici de familiariser les jeunes à la terminologie relative aux notions de maladie, de santé, de vie et de mort. Tous ces mots peuvent aussi fournir le prétexte à un échange fructueux basé sur la perception que chaque enfant entretient par rapport à ces notions.

AMOUR : Un sentiment d'affection très fort qu'on éprouve envers les gens auxquels on tient. Ce sentiment nous permet de donner le meilleur de nous-mêmes, de faire de bonnes actions.

CANCER : C'est une maladie caractérisée par la multiplication inhabituelle de certaines cellules. Parfois, elles se développent pour former une tumeur maligne, une sorte de boule ou elles se répandent en forme de petits filets liquides. Ces cellules peuvent se déplacer et former d'autres tumeurs qu'on appelle métastases. Il y a plusieurs sortes de cancer, plus d'une centaine.

COLÈRE : Une émotion que l'on ressent quand on vit une injustice. Si elle n'est pas exprimée adéquatement (par des mots appropriés, de l'exercice physique ou de l'art), elle peut se manifester sous forme de violence.

COMPASSION : Donner de l'amour à quelqu'un qui souffre, aux démunis, aux gens qui ont du chagrin.

ÉQUIPE SOIGNANTE : L'ensemble des personnes qui travaillent à donner des soins. Par exemple : médecins, infirmières, travailleurs sociaux, nutritionnistes, psychologues, physiothérapeutes, pharmaciens, agents spirituels… Comme tu peux le constater, il y a plusieurs personnes qui contribuent aux soins.

ESPOIR : Continuer à croire que quelque chose de bien peut arriver malgré les difficultés de la vie.

MALADIE : Notre corps est complexe. Il est fait de milliards de cellules qui se regroupent pour former des organes. Chaque organe, comme le cœur, le foie, les poumons, contribue à nous garder en vie. Parfois, quelque chose d'anormal se produit et entrave le bon fonctionnement de notre corps. Quand le corps ne fonctionne pas aussi bien qu'il le devrait, on appelle ça une maladie.

MORT : Se produit lorsque la vie s'arrête. Les principales caractéristiques de la mort se regroupent en composantes observables[10] :

- Universalité : Tout ce qui est vivant meurt un jour.

- Irréversibilité : Un organisme qui meurt ne peut vivre à nouveau.

- Arrêt des fonctions vitales : Arrêt des fonctions physiologiques et des signes de vie. Causalité : La mort se produit pour des raisons biologiques.

---

10. Lynne Ann DeSpelder et Albert Lee Strickland, *The Last Dance*, McGraw-Hill, New York, 2002, p. 78.

SANTÉ PHYSIQUE : Un corps dont tous les organes fonctionnent bien. La santé nécessite de bien se nourrir, de faire de l'exercice, d'avoir une bonne hygiène corporelle et d'être prudent pour prévenir les accidents.

SANTÉ PSYCHOLOGIQUE : Se sentir bien dans sa tête et dans son cœur. Être capable de s'adapter à différentes situations parfois heureuses et parfois difficiles (trouver de bonnes solutions quand les choses vont mal). Vivre en équilibre avec les autres et son environnement.

SOINS PALLIATIFS : Lorsque la guérison n'est plus possible, que tous les traitements appropriés ont été essayés pour sauver la vie de la personne malade (mais sans succès), alors l'équipe soignante offre des soins pour tenter de stabiliser la maladie et favoriser un meilleur confort. Vers la fin de la vie, ces soins visent à contrôler la douleur et à permettre que la personne se sente le mieux possible.

TRAITEMENTS CONTRE LE CANCER : Des interventions pour éliminer les cellules cancéreuses. (Les définitions des traitements sont inspirées du livre *Pomme raconte... Le cancer, une grosse tempête dans le jardin de ta vie*).[11]

---

11. Louise Pomminville et Jocelyn Demers, *Pomme raconte... Le cancer, une grosse tempête dans le jardin de ta vie*, Montréal, Leucan, 1984.

CHIRURGIE : Une opération pour enlever la tumeur. Le chirurgien est le médecin qui effectuera l'opération avec l'aide de toute une équipe.

CHIMIOTHÉRAPIE : Des médicaments pour détruire les cellules cancéreuses. Certains sont donnés par la bouche et d'autres par les veines à l'aide d'un soluté (liquide dans un petit sac) relié à une aiguille.

RADIOTHÉRAPIE : Un appareil qui émet des rayons pour détruire les cellules cancéreuses cachées dans le corps. Afin de savoir où diriger les rayons, les techniciens tracent de petites lignes rouges ou violettes sur la peau.

VIE : Tout ce qui grandit, se reproduit et bouge.

VIEILLESSE : Le travail du temps sur notre corps. Au fur et à mesure que les années passent, notre corps se transforme et prend de l'âge. Après plusieurs années de vie, les cellules se fatiguent et font moins bien leur travail. La vieillesse est la dernière étape de la vie avant de mourir.

CONCLUSION

◆

Naître au 21e siècle comporte des défis bien différents de ceux des siècles précédents. Les enfants sont rapidement exposés à une multitude de données pour lesquelles ils ne sont pas toujours bien préparés ou n'ont pas encore développé la capacité nécessaire pour les intégrer. La réalité de la mort les rejoint souvent à travers les technologies de l'information et les jeux vidéo.

Malgré l'omniprésence de la mort autour de nous, notre société en parle peu et le sujet reste tabou dans nos maisons. Elle semble occultée de nos vies. Comme si le fait de ne pas en parler pouvait la faire disparaître ou nous mettre à l'abri de son approche. C'est ce qu'on appelle le déni de la mort. Pourtant elle est là, bien présente, incontournable, agissant à l'extérieur de nous tout autant que dans notre psyché. « La mort s'apparente à une fiction à laquelle on ne peut être confrontée ».[1]

Toutefois, garder le silence a un prix: l'enfermement dans notre imaginaire. L'enfant y est tout

1. Murielle Jacquet, *L'enfant, la maladie et la mort: la maladie et la mort d'un proche expliquées à l'enfant.* De Boeck Supérieur, 2003, p. 14.

particulièrement fragile, car la frontière délimitant son univers interne et le monde qui l'entoure n'est pas encore bien établie. Il a besoin de l'adulte pour l'aider à saisir la réalité et à l'intégrer. Il a besoin qu'on nomme cette réalité, qu'elle soit établie afin de comprendre ce qui est vrai et ce qui ne l'est pas.

L'école nous semble un lieu privilégié pour aborder ce sujet. La vie, la mort, la maladie et la santé sont des thèmes centraux dans l'humanité. La mort est notre destinée. Il faut apprendre à l'apprivoiser et à reconnaître nos forces de vie. Or, ce processus peut s'amorcer très tôt dans la vie. Cette voie, du moins en avons-nous l'impression, conduit au sentiment de gratitude envers la vie et la capacité d'être bien avec soi-même et les autres.

ANNEXE 1

◆

Bibliographie

SUGGESTIONS DE LIVRES POUR ENFANTS

Alexander, Sue. *Leïla*. BAYARD, 1986. (Deuil, tristesse), 12 ans +

Auschitzka, Agnès et Novi, Nathalie. *Quelqu'un que tu aimais est mort...* BAYARD / JEUNESSE, 2001. (Questions-réponses, perspective chrétienne), 7 ans +

Begag, Azouz, Louis,Catherine. *Ma maman est devenue une étoile*. LA JOIE DE LIRE, 1995. 8 ans +

Bertron, Agnès et Theinhardt, Volker. *Une maman comme le vent*. ACTES SUD JUNIOR, 2000.

Brami, Elisabeth et Daisay, Karine. *Cher album*. SEUIL JEUNESSE, 2001. 9 ans +

Caron, Francine. *Les couleurs de ma mère*. Montréal : HURTUBISE HMH, 2005. 5 ans +

Devos, Lydia et Cornuel, Pierre. *Jamais je ne t'oublierai*. GRASSET JEUNESSE, 1990, (Perte d'un papa).

Dubé, Jasmine. *L'horloge s'est arrêtée*. PIERRE TISSEYRE-COCCINELLE, 1990. (Mort, enterrement, rituel) 6 ans +

Dumas, Philippe. *Ce changement-là*. L'ÉCOLE DE LOISIRS, 1981. 7 ans +

Erlbruch, Wolf. *Le canard, la mort et la tulipe*. LA JOIE DE LIRE, 2007.

Keizaburo Tejima, *Le vol du cygne*. L'ÉCOLE DES LOISIRS, 1991. (Mort et vie au-delà).

Lenain, Thierry et Baud, Patricia. *Tu existes encore*. SYROS, 2005.

Leverne, Katrine, Landry-Datte, Nicole et Cloup, Jérôme. *Anatole l'a dit*. K'NOÉ, 2004. 10ans +

Mandelbaum, Pili. *Comme avant*. ÉCOLE DES LOISIRS, 1990. (Deuil du papa).

Mauffret, Yvon et Kang, J. *Le bonzaï et le séquoia*. ÉPI-GONES, 1994. (Mort accidentelle du père), 7 ans +

Myers, Steve et Sanders, Pete. *La mort*. GAMMA 69, 2000 (Mort, deuil), 7 ans +

Pernusch, Sandrine et Hoffmann, Ginette. *Faustine et le souvenir*. CASTERMAN, 2005. 10 ans+

Plante, Anne. *Histoire de Jonathan*. ÉDITIONS PAULINES, 1992. (Expliquer la mort d'un enfant dans la famille).

Plante, Anne. *Histoire de Josée*. ÉDITIONS PAULINES, 2005. (Expliquer la mort à un enfant qui va perdre sa maman).

Slosse, Nathalie. *Grand arbre est malade*. ABIMO, 2009. (Kit pédagogique).

Teulade, Pascal et Sarrazin, Jean-Charles. *Bonjour Madame la Mort*. L'ÉCOLE DES LOISIRS, 1997. 7 ans +

Varley, Susan. *Au revoir Blaireau*. FOLIO BENJAMIN, 1994.

Velthuijs, Max. *La découverte de Petit-Bond*. L'ÉCOLE DES LOISIRS, Lutin poche, 1991. (Mort, rituel), 3-5 ans.

Vignes, Michel, Raynaud, Jean-Philippe et Autret, Yann. *Vivre avec un parent malade*. Milan, 2008. 9 ans +

Zeevaert, Sigrid. *Max, mon frère*. BAYARD, 1998, (Maladie, mort), 10 ans +

ANNEXE 2

◆

Filmographie

SUGGESTIONS DE FILMS

Pour adultes

Monsieur Lazhar

Personnage un peu énigmatique ayant lui aussi vécu un drame, Bachir Lazhar va prendre en charge une classe fragilisée par le suicide de leur professeur et les aider à passer à travers leur deuil par l'entremise de l'acte fondamental de l'enseignement. À l'école, personne ne connaît sa vie algérienne et ne se doute qu'il risque l'expulsion du Canada à tout moment.

Ponette

Ponette a 4 ans lorsque sa mère meurt accidentellement. Cette absence lui est insupportable. Elle lui parle, elle l'attend, elle la cherche. Avec une certitude, un entêtement de plus en plus grand. Personne ne pourra la convaincre de ne pas la retrouver.

Ma meilleure ennemie

Isabel Kelly, jeune photographe de mode et petite amie de Luke Harrison, et Jackie, l'épouse légitime du même Luke, se détestent. Celle-ci, toujours très présente, ne pardonne pas à sa rivale son incapacité à l'égaler. Isabel ne parvient pas à se faire accepter d'Anna et de Ben, les deux enfants de Luke et de Jackie. C'est entre les deux femmes une sourde guerre de tranchées. Mais quand Jackie apprend qu'elle est atteinte d'un mal incurable, elle prend conscience que c'est Isabel qui va élever ses enfants. Jackie va alors enseigner à celle qui fut sa pire ennemie comment devenir une mère pour ses enfants.

Ma vie

Bob Jones est riche, il est marié avec la ravissante Gail et ils attendent leur premier enfant. Apprenant qu'il est atteint d'un cancer, Bob décide de raconter sa vie sur une vidéocassette pour son fils qu'il ne verra sans doute jamais. En se penchant sur son passé, il comprend qu'il doit se réconcilier avec ses parents avant de mourir.

L'Arbre

Second long métrage de la réalisatrice Julie Bertuccelli, L'Arbre est l'adaptation du best-seller de Judy Pascoe. En Australie, une famille est frappée par la mort du père. Seule avec ses quatre enfants, Dawn tente de surmonter le deuil et se rapproche de sa fille, Simone, persuadée que son père vit à présent dans l'énorme figuier à côté de la maison familiale. Tandis que la vie reprend et le deuil s'estompe, l'arbre se fait de plus en plus imposant…

Le Rituel au cœur du lien familial

2011, durée 25 min, film documentaire de Marthe Sébille, réalisé en partenariat avec l'association Apprivoiser l'Absence. On peut l'utiliser comme un document de sensibilisation, tant sur les rituels que sur le deuil, et également comme outil de formation pour l'accompagnement des frères et sœurs en deuil.

Le Tombeau des lucioles

Mort de la sœur du personnage et du personnage lui-même (film d'animation japonais, d'Isao Takahata) Japon, été 1945. Après le bombardement de Kobe, Seita, un adolescent de 14 ans et sa petite sœur de 4 ans, Setsuko, orphelins, vont s'installer chez leur tante à quelques dizaines de kilomètres de chez eux. Celle-ci leur fait comprendre qu'ils sont une gêne pour la famille et doivent mériter leur riz quotidien. Seita décide de partir avec sa petite sœur. Ils se réfugient dans un bunker désaffecté en pleine campagne et vivent des jours heureux illuminés par la présence de milliers de lucioles. Mais bientôt, la nourriture commence cruellement à manquer.

La Vie devant soi

Le film raconte l'histoire de Madame Rosa (Simone Signoret), une ex-prostituée juive, vieille habitante de Belleville qui élève les enfants d'autres prostituées moyennant le versement d'une pension, dans un quartier où se côtoient Arabes, Noirs et Juifs. Un lien affectif particulier la lie au plus âgé de ses pensionnaires, un petit garçon arabe nommé Momo. Celui-ci va l'aider à demeurer chez elle alors qu'elle devient malade et dépendante

Pour professeurs

S'éduquer à la mort en milieu scolaire, de Marie-Ange Abras. France 2006.

1 h 05 min

Où se procurer le film ? Organisme de Recherche sur la Mort et l'Enfant.

En 2005, l'O.R.M.E a mené dans une classe de CM2[1] une action et une réflexion sur le thème de la mort et du deuil. Ce documentaire retrace le travail réalisé avec les enfants dans leur milieu scolaire et donne la parole aux parents et aux professionnels de l'éducation et de la santé en Belgique, en France et en Grande-Bretagne.

Documentaire sur l'unité de soins palliatifs du CHUM

Après 30 ans, l'Unité des soins palliatifs du CHUM (Centre hospitalier de l'Université de Montréal) a pour mission première : accompagner dans la plus grande dignité les malades en fin de vie.

http://www.youtube.com/watch?v=gZCcHc8gNKs

---

1. Le cours moyen 2ᵉ année (CM2), ou troisième année du cycle 3, est le dernier niveau (avant l'entrée au collège) de l'école primaire en France.

Pour enfants

Dessins animés réalisés par Walt Disney

Bambi

Le faon Bambi, après la mort de sa mère tuée par un chasseur, doit apprendre à survivre seul dans la forêt. Il trouve bientôt un jeune compagnon, le lapin Panpan, aussi malicieux et débrouillard que Bambi est maladroit et pataud.

Blanche-Neige et les Sept Nains

Blanche-Neige est une princesse d'une très grande beauté, ce qui rend jalouse sa belle-mère. Celle-ci demande quotidiennement à son miroir magique de lui dire qui est la plus belle ; mais un jour, le miroir affirme que la plus belle femme du royaume est Blanche-Neige. La reine décide alors de la tuer, mais le garde chargé de cette tâche ne trouve pas le courage de le faire et abandonne Blanche-Neige dans la forêt. Perdue, à bout de forces, elle échoue dans une maison où habitent sept nains.

Le Roi Lion

Simba est l'héritier du trône de son père Mufasa. Le lionceau est très excité à l'idée devenir roi un jour, mais lorsque son père est tué par un troupeau de gnous, il quitte le royaume croyant être le seul responsable de ce terrible accident.

Films

Voyage au pays imaginaire

Mort de la mère des enfants

Réalisé par Marc Forster. Londres, début du 20ᵉ siècle. L'écrivain James M. Barrie est en quête d'un nouvel élan dans sa vie comme dans son œuvre. Au cours d'une promenade, il fait la connaissance de Mᵐᵉ Llewelyn Davies et de ses quatre fils. De la complicité grandissante entre l'écrivain et les enfants naît une précieuse source d'inspiration. Ensemble, ils commencent à tisser la trame fantastique de Peter Pan…

Extrêmement fort et incroyablement près

Réalisé par Stephen Daldry. Un an après la mort de son père dans les attentats du 11 septembre, Oskar Schell, 9 ans, découvre une clé dans les affaires du défunt. Déterminé à maintenir un lien avec l'homme qui lui a appris à surmonter ses plus grandes angoisses, il se met en tête de trouver la serrure qui correspond à la mysté-rieuse clé. Tandis qu'il sillonne la ville de New York pour résoudre l'énigme, il croise toutes sortes d'individus qui, à leur façon, sont des survivants. Chemin faisant, il découvre aussi des liens insoupçonnés avec son père qui lui manque terriblement et avec sa mère qui semble si loin de lui, mais aussi avec le monde déconcertant et périlleux qui l'entoure…

Monsieur Ibrahim et les fleurs du Coran

Réalisé par François Dupeyron. Paris dans les années 1960, Momo, un garçon de 13 ans, se retrouve seul, livré à lui-même. Son unique ami est M. Ibrahim, l'épicier arabe et philosophe de la rue Bleue. Celui-ci va tout lui apprendre : la vie, les femmes, l'amour et quelques valeurs morales.

Les Désastreuses Aventures des orphelins Baudelaire

Réalisé par Brad Silberling. Dans la vie des enfants Baudelaire, les choses avaient une nette tendance à aller toujours de travers. À la suite de la perte de leurs parents dans un grand incendie, Violette, Klaus et Prunille, des enfants charmants et intelligents, se retrouvent orphelins. Ils vont alors devoir se défendre face au comte Olaf, un homme cupide qui va les poursuivre en se dissimulant habilement sous les traits de différents personnages…

La série de films Harry Potter

Harry Potter à l'École des sorciers de Chris Columbus (2001) est le premier tome de la série littéraire centrée sur le personnage créé par J.K. Rowling : Harry Potter. Après la mort tragique de Lily et James Potter, Harry est recueilli par sa tante Pétunia, la sœur de Lily et son oncle Vernon. Son oncle et sa tante éprouvant une haine féroce contre les parents d'Harry, le maltraitent et laissent leur fils Dudley l'humilier. Harry ne sait rien sur ses parents. On lui a toujours dit qu'ils étaient morts dans un accident de voiture. Le jour de ses 11 ans, une demi-géant du nom de Rubeus Hagrid vient le chercher pour l'emmener à Poudlard, une école de sorcellerie où il est attendu pour la rentrée. Il lui révèle qu'il est un sorcier comme ses parents et que ces derniers ont en réalité été tués par Voldemort, l'un des plus grands mages noirs du monde de la sorcellerie. Harry vivra d'un film à l'autre toutes sortes de péripéties.

Harry Potter et la Chambre des secrets de Chris Columbus (2002).

Harry Potter et le Prisonnier d'Azkaban d'Alfonso Cuarón (2004).

Harry Potter et la Coupe de feu de Mike Newell (2005).

Harry Potter et l'Ordre du phénix de David Yates (2007).

Harry Potter et le Prince de sang-mêlé de David Yates (2009).

Harry Potter et les Reliques de la Mort de David Yates

BOTTIN DE RESSOURCES POUR LES ENFANTS AYANT PERDU UN PARENT

◆

ORGANISMES ET RESSOURCES AU QUÉBEC

RESSOURCES INTERNET

Solidarité – Deuil d'enfant

Conseils pour aider les enfants et les adolescents à faire face au décès d'une personne de leur entourage immédiat. Par Marie-Dominique Genoud. Responsable du travail psychosocial et chef de projets à la Fondation As'trame, Lausanne.

www.sdequebec.ca/publications/texte3.asp

Accompagner les enfants lors d'un décès dans la famille

Le Repos Saint-François d'Assise

Informations sur l'aide aux enfants en deuil, série de textes sur différentes formes de deuil : Deuil d'un enfant, d'un parent, à la suite d'un suicide, à la suite d'une longue maladie.

www.rsfa.ca/contenu/fr/deuil/index.php

Le deuil chez l'enfant : Mieux le comprendre pour mieux l'accompagner

http://www.stes-apes.med.ulg.ac.be/Documents_electroniques/POP/POP-ENF/ELE% 20POP-ENF%20 7141.pdf

Parler aux enfants et aux adolescents au sujet d'une maladie grave. Portail canadien en soins palliatifs.

http://www.portailpalliatif.ca/fr_CA/Main+Site+Navigation/Home/Topics/Topics/Emotional+Health/Talking+with+Children+and+Youth.aspx

CANCER D'UN DES PARENTS
Comment expliquer la situation aux enfants ?

http://www.prochedemalade.com/download/enfants/Expliquer-aux-enfantsQDM.pdf

ORGANISMES AU QUÉBEC

Centres de santé et de services sociaux – CSSS

Ordre des psychologues du Québec
Service de référence par Internet :

http://www.ordrepsy.qc.ca/fr/formulaires/service_ref.sn

☛ Préciser dans les critères qu'il s'agit d'une demande en enfance et pour suivi de deuil.

À Montréal :

La maison Montbourquette
Organisme à but non lucratif en activité depuis 2004, la Maison Monbourquette offre des ressources et du soutien aux personnes vivant un deuil par décès : ligne d'écoute, rencontres individuelles et de groupe et un *bottin des ressources.*

Téléphone : 514.523.3596
Sans frais : 1.888.533.3845
infos@maisonmonbourquette.com

Parent Étoile
Mission : Interventions auprès d'enfants endeuillés d'un parent ; en groupe ou individuel ; conférences et formations. Enfants de 6 à 12 ans.

Téléphone : 514 947-0606
Courriel : s.hamel@parent-etoile.com
Site Web : http://www.parent-etoile.com

RESSOURCES ET ORGANISMES EN FRANCE

Institut de cancérologie Gustave Roussy
114 rue Edouard Vaillant
94805 Villejuif
Tél.: +33 (0)1 42 11 42 11
www.igr.fr

Institut National du Cancer
www.e-cancer.fr

Associations

ARC
www.arc.asso.fr
La Ligue nationale contre le cancer
www.ligue-cancer.asso.fr

AFM
www.afm-france.org
Les Centres de Lutte contre le Cancer et la FNCLCC
www.fnclcc.fr

REMERCIEMENTS

Je tiens à remercier les personnes malades qui m'ont fait confiance et avec qui j'ai partagé un bout de chemin.

Un merci spécial à mes enfants Patrick, Catherine et Marie-Ève, et à mon conjoint Bruno.

J'exprime aussi ma reconnaissance à Marcel Courtemanche, mon chef de service, et à tous ceux qui, de près et de loin, ont collaboré à la réalisation de cet ouvrage.

À PROPOS DE L'AUTEURE

Line St-Amour est psychologue en oncologie à l'hôpital Notre-Dame du CHUM depuis plus de 10 ans. Récipiendaire de la bourse Wyeth, offerte par le Réseau des soins palliatifs du Québec, elle occupe actuellement les fonctions de psychologue au soutien au personnel en oncologie et soins palliatifs.

Les thèmes du deuil et de la mort l'ont accompagnée tout au long de son parcours professionnel. Elle a d'ailleurs fait du deuil son sujet de thèse doctorale, a œuvré une dizaine d'années dans l'enseignement universitaire au sein de programmes de gérontothanatologie et a été psychologue au sein d'une équipe de consultation en psyschogériatrie à domicile pendant 9 ans.

La cause des enfants l'interpelle particulièrement, aussi a-t-elle créé, avec son équipe, un fonds d'aide pour les enfants dont un parent est atteint d'un cancer.

line.m.stamour@gmail.com

COLLECTION

bien
dans sa peau

Ces livres ont pour but le développement harmonieux de l'enfant sur les plans personnel et social, dans un contexte éducatif.

CLAIRE PIMPARÉ, auteure • GUILLAUME GAGNON, illustrateur et peintre

But : amener l'enfant à se découvrir et à avoir une saine image de lui-même.

Destinés aux enfants de 5 à 8 ans.

Découvre ta jeune passion

Nous portons tous en nous une jeune passion dissimulée comme un trésor, elle se cache aussi en toi. Quel est le secret pour la découvrir ?

■ ISBN 978-289225-803-5 • 34 pages couleur • 11,95 $ • 8 €

Découvre le bonheur de t'aimer

Ton cœur renferme quelque chose de précieux. Il faut oser… tu feras la connaissance de l'enfant merveilleux que tu es.

■ ISBN 978-289225-804-2 • 34 pages couleur • 11,95 $ • 8 €

LINE ST-AMOUR, Ph. D., auteure • MARC BEAUDET, dessinateur

But : faciliter la communication avec l'enfant et le rejoindre à différents niveaux dans son processus psychologique face à la maladie grave ou la perte d'un parent.

Destinés aux enfants de 6 à 10 ans.

Luron apprivoise les forces de l'espoir

Histoire d'un petit écureuil dont la mère est confrontée à la maladie (cancer) et se retrouve en rémission complète.

■ ISBN 978-289225-805-9 • 34 pages couleur • 11,95 $ • 8 €

L'Amour pour toujours

Histoire d'un petit raton laveur (ami de l'écureuil) dont la mère, en rechute d'un cancer, fait face à la mort.

■ ISBN 978-289225-806-6 • 34 pages couleur • 11,95 $ • 8 €